Alfred Niel

Die großen k.u.k. Kurbäder und Gesundbrunnen

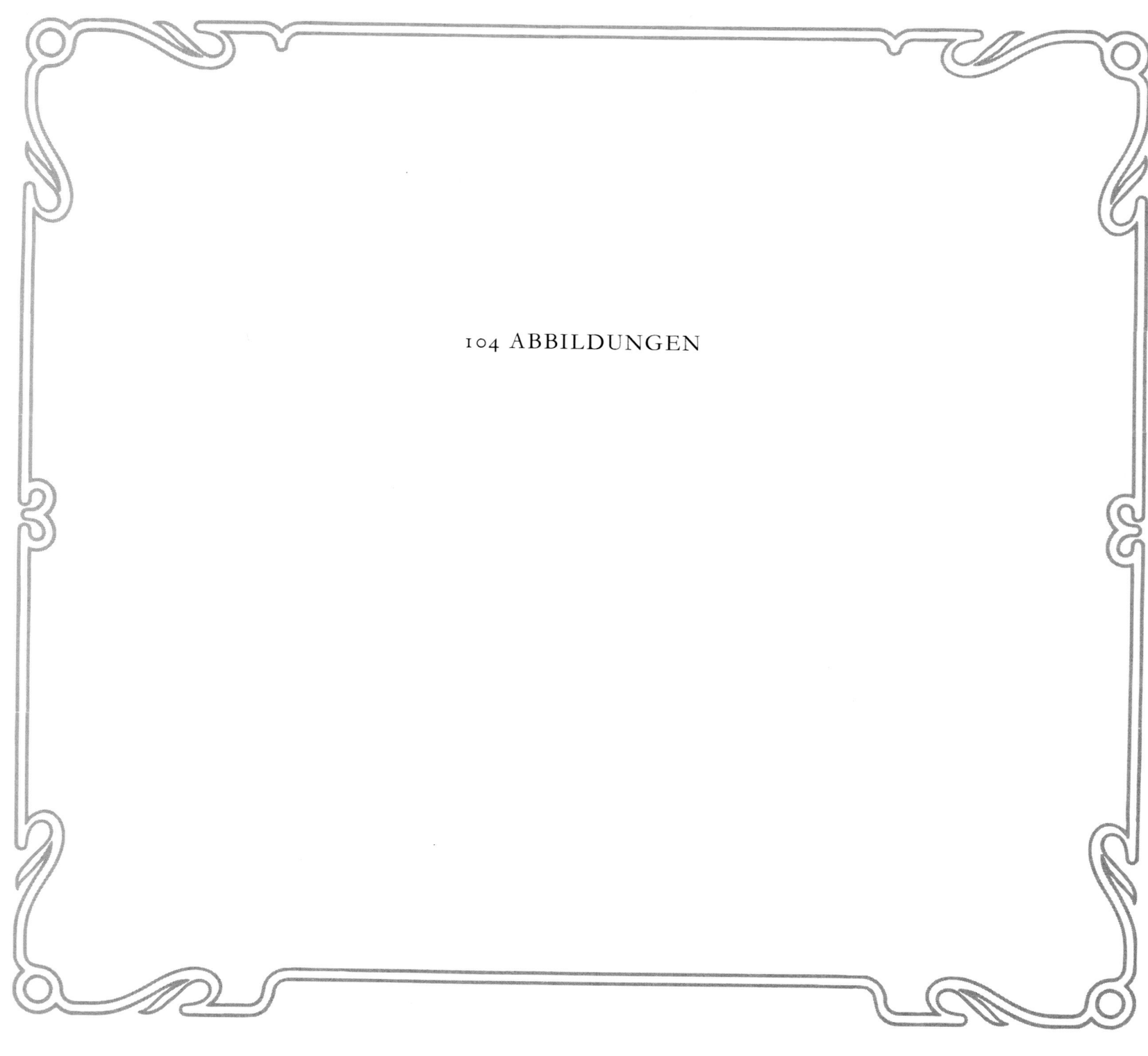

104 ABBILDUNGEN

Alfred Niel

Die großen k.u.k. Kurbäder und Gesundbrunnen

VERLAG STYRIA GRAZ WIEN KÖLN

CIP-Kurztitelaufnahme der Deutschen Bibliothek

Niel, Alfred:
Die großen k. u. k. Kurbäder und
Gesundbrunnen / Alfred Niel. –
Graz; Wien; Köln: Verlag Styria, 1984.
ISBN 3-222-11527-3

© 1984 Verlag Styria Graz Wien Köln
Alle Rechte vorbehalten
Printed in Austria
Graphische Gestaltung:
Hans Paar, Graz
Satz, Lithos und Druck:
Druck- und Verlagshaus Styria, Graz
Bindung:
Wiener Verlag, Himberg bei Wien
ISBN 3-222-11527-3

BILDNACHWEIS

Umschlagbild: Korso bei der Mühlbrunnkolonnade in Karlsbad von
   R. Sedlacek; aus: Österreichs Land und Leute in Wort und Bild
   (Privatbesitz Dr. Niel).
Städtisches Rollett-Museum, Baden bei Wien 9, 11, 14
Niederösterreichische Landesbibliothek 10, 12
Sammlung Ing. Adolf Tegtbauer, Baden 13, 15, 32
Sammlung Dr. Hans Pötschner, Baden 17
Antiquariat Truppe, Graz 19, 46
Bildarchiv der Österreichischen Nationalbibliothek, Wien 22, 33,
   39, 41, 42, 48, 67, 68, 72, 75, 76, 83, 84, 85, 86, 91, 92, 95, 107,
   119, 120, 122, 126, 128
Foto Hofer, Bad Ischl 24, 25
Prof. Hans Frank, Photomuseum des Landes Oberösterreich,
   Bad Ischl 27, 69
Österreichische Galerie des 19. Jahrhunderts, Wien 29
Gasteiner Museum 30, 31, 36, 37
Badeschloß Gastein 35
Archiv Kurdirektor Wilhelm Rauch, Bad Gleichenberg 45
Janko Zorin, Rogaška Slatina 50, 52, 53, 54
Wiener Stadt- und Landesarchiv 55
Karlsbader Archiv und Museum, Wiesbaden 58, 59
Museum Karlovy Vary 64
Führer für die Kurgäste in Franzensbad, 1902 77
Městské Muzeum Františkovy Lázné 78, 79, 80, 81
Kartensammlung der Österreichischen Nationalbibliothek
   87, 88, 115
„Wiener Almanach 1913" 89
Museum Pistyan 97, 100
Badedirektion Trenčianske Teplice 103, 106
Führer für den Kurgast 1888 für Trentschin-Teplitz 104, 105
Jókai-Museum, Balatonfüred 111, 117
Verlag des Kunstfonds Budapest 112, 113
Ungarisches Theater-Institut, Budapest 116
Rumänisches Touristenamt 121
Musiksammlung der Stadt Wien 123
Heeresgeschichtliches Museum, Wien 125, 127, 129
Die nichtangegebenen Bilder entstammen dem Privatarchiv des
   Verfassers.

Inhalt

Kleiner Zitatenspiegel anstelle eines Vorwortes

Ihr werdet mit Freuden Wasser schöpfen aus dem Heilbrunnen.

Jesaja, Kap. 12, V. 3

Der Gott Asklepios rief mich nach Epidaros ... Hier angekommen, ordnete er an, ich solle während zweier verregneter Tage eine Kopfbedeckung tragen, Käse und Brot essen, ohne fremde Hilfe in Anspruch zu nehmen, baden, mich im Lauf üben, Zitronenwasser trinken ..., mich an der Mauer neben der Wasserleitung massieren, in der Wandelhalle spazierengehen, mich schaukeln, Schlammpackungen nehmen, barfuß laufen, vor dem Warmbad mich mit Wein salben und nicht vergessen, dem Bademeister ein Trinkgeld zu geben ...

Aus dem Bericht eines Kurgastes aus dem zweiten vorchristlichen Jahrhundert

Von Sorgen frei wandle hier, damit Du frei von Krankheit heimkehrst! Nur dem Sorglosen hilft die Kur.

Aufschrift am Eingang der Antoninischen Bäder in Rom

Ins Bad ging gar Mancher auf Krücken,
Der jetzo tanzt auf einem Seil,
Gar Mancher spielt jetzt die Bratsche,
Dem dort kein Finger war heil.

Heinrich Heine

Es ist etwas Göttliches im Eisen, aber niemals schaffen die künstlichen Präparate das, was die natürlichen Quellen uns geben.

Hermann Boerhaave

Die Kur war angenehm und gesund,
Schwanger ward die Frau,
die Magd und der Hund!

*Altes Sprüchlein aus den
böhmischen Bädern*

Österreich-Ungarn besaß in seiner cislei-
thanischen Reichshälfte 283 und in seiner
transleithanischen Reichshälfte 138,
zusammen somit 421 Kurorte, Heil- und
Mineralquellen.

*Aus: Österreichisches Bäder-
buch, Wien 1914*

Dem Höchsten sag ich Dankh
vor das was ich gefunden
Von diesem edlen Baad
in fünfundneunzig Stunden.

Maria Anna Mozartin

Beim Baden ist die erste Pflicht,
Daß man sich nicht den Kopf zerbricht,
Und daß man höchstens nur studiere,
Wie man das lustige Leben führe!

Johann Wolfgang von Goethe

Aussig Wasser, inne Wein,
Laßt uns alle fröhlich sein.

Badegesang aus Baden bei Wien

Was aber die Gesundheit betrifft, so
gehören die Badereisen zum Teil auch zu
den Moden der Ärzte.

Wilhelm von Humboldt

Die Heilquellen sind die natürlichen
Gesundheitsapotheken Meiner Erblande.

Maria Theresia

Baden bei Wien

Der Ruf und das Ansehen der Kurstadt Baden beruhen nicht allein auf seinen warmen Schwefelquellen und dem wunderbaren Wein, der an den Hängen der Thermenlinie südlich von Wien gezogen wird, sondern auch auf dem Zusammenklang einer idyllischen Landschaft mit einem anmutigen Stadtbild. »Ein Städtchen, aus der Luft gesponnen, ein kleines Wien in Aquarell«, schwärmte schon der Humorist der Vormärzära Moritz Gottlieb Saphir. Vor allem aber ist Baden schon von alters her ein Ort, in dem es sich angenehm leben läßt und in dem es immer so etwas wie einen »Betrieb« gab.

Die ersten Kurgäste waren Offiziere der X. und der XIV. römischen Legion. Sie kamen aus ihren Garnisonen Carnuntum und Vindobona, um in »Aquae« ihre im Kampf mit den Germanen erlittenen Blessuren zu pflegen. Im 9. Jahrhundert wird »Padun« als »Königsgut« erwähnt, und 1137 kommt der Name »Baden« zum ersten Male in seiner heutigen Schreibweise in einer Schenkungsurkunde der Markgräfin Agnes, der Witwe des Babenbergers Leopold III., des »Heiligen«, vor. 1477 hausten die Soldaten des Ungarnkönigs Matthias Corvinus dermaßen in dem Ort, daß kein Stein auf dem anderen blieb. Aber schon drei Jahre später verlieh Kaiser Friedrich III., den die Geschichte einen »großen Zauderer« nennt, Baden zur Entschädigung für die erlittenen Unbilden das Stadtrecht, dazu einige recht günstige Privilegien und jenes auf der Welt wohl einmalige Wappen, welches einen geräumigen Zuber zeigt, in dem eine nackte Frau und ein nackter Mann sitzen und baden. Damit war deutlich dargetan, wo das Hauptgewicht der Bedeutung dieser Stadt lag und für alle Zeiten liegen sollte: ein heilkräftiges Bad für Kranke und ein vergnüglicher Aufenthaltsort für Gesunde zu sein.

Friedrich III. selbst hat Baden mehrmals besucht, teils um sein Podagra zu kurieren, teils um mit seinem alten Widersacher Matthias Corvinus zu konferieren. Mehr noch als der Kaiser schätzte seine Gemahlin Eleonore, eine zarte Südländerin, die wohltuenden Schwefelbäder, die sie regelmäßig gebrauchte. Ihre Sympathie zu der freundlichen Stadt konnte selbst das große Ungemach nicht trüben, das ihr im Jahre 1466 widerfuhr, als sie auf der Fahrt nach Heiligenkreuz, wo sie »noch einige Zeit im Gebete zu verweilen gedachte«, im Helenental bis aufs Hemd ausgeplündert wurde.

Als die Türken 1683 Wien belagerten, zog der Großwesir Kara Mustafa mit einigen Schönen seines Harems in die Thermenstadt, um sich von den Anstrengungen des Feldzuges zu erholen. Da aber schon vorher seine »Renner und Brenner« Baden in Schutt und Asche gelegt hatten, war er gezwungen, sein Prachtzelt inmitten zerstörter Häuser aufzuschlagen. Im gleichen Jahrhundert verzeichnet die Badener Chronik noch zwei andere hohe Besuche: 1697 verlebte der Kurfürst Friedrich August von Sachsen, »der Starke«, in der wiederaufgebauten Kurstadt vergnügte Tage, machte auch hier seinem Beinamen alle Ehre, indem er zum Gaudium seiner Begleitung Hufeisen zerbrach und dicke Eisenstangen wie Draht verbog. Über allem Spaß vergaß er aber keineswegs die Politik: Am 2. Juni trat er nach Verhandlungen mit polnischen Adeligen zum Katholizismus über, um sich die Krone des katholischen Königreiches Polen zu sichern. Im Garten des Badener Bürgerspitals empfing er die heilige Kommunion.

Das Herzog Bad zu Baaden

Ein Jahr später, 1698, traf Zar Peter der Große auf seiner Europareise, die ihn mehr oder weniger inkognito durch England, Holland (wo er auf der Schiffswerft der »Ostindien-Compagnie« als Zimmermann arbeitete), Deutschland und Österreich führte, für einige Tage in Baden ein, um das Herzogsbad zu besuchen.

Badens wahre Glanzzeit begann Anfang des 19. Jahrhunderts, als Kaiser Franz II. (ab 1804 als österreichischer Kaiser Franz I.),

der wienerischste unter den Habsburgern, die Stadt zu seiner Sommerresidenz erkor. Von 1803 bis zu seinem Tode 1835 weilte er jedes Jahr in der Kurstadt und erwarb 1813 ein schlichtes Bürgerhaus am Hauptplatz, das noch heute »Kaiserhaus« genannt wird. Nun konnten die Badener Bürger auch erfahren, daß man nicht von ungefähr vom »guten Kaiser Franz« sprach: Aus seiner Privatschatulle bezahlte er den Ankauf des »Mariazellerhofes«, wo Mittellose

9

DER

BRAND IN BADEN

1812

Der Brand in Baden 1812, wobei 137 Häuser vernichtet wurden. Zeitgenössische Darstellung.

der Musik lauscht«, heißt es in einem Wanderführer »Baden und seine Umgebungen«. Auch auf der »Hauswiese« im Helenental gab man sich gern Rendezvous. Hier konzertierten zweimal wöchentlich Josef Lanner und Johann Strauß (Vater). Emsige Maler und Lithographen gaben ein getreuliches Abbild des damaligen Badener Lebens: Bürgerhäuser, säulengezierte Bäder, dahinpreschende Fiaker und adelige Kutschen, Damen mit riesigen wippenden Hüten und Herren mit Stock und Zylinder – es war zweifellos ein feines Dasein zwischen Römerquelle und Rauhenstein! Der bescheidenste unter den vielen hohen Kurgästen war der Kaiser selbst. Oft sah man ihn als echten »Herrn Biedermeier« im schlichten dunkelbraunen Gehrock durch die Stadt spazieren oder im schmucklosen Landauer durch das Helenental kutschieren.

1812 schlug das Schicksal zu, als ein verheerender Brand innerhalb von zwei Stunden 137 Häuser, das waren zwei Drittel aller Gebäude des Stadtkerns, vernichtete. Beim Wiederaufbau schuf einer der bedeutendsten österreichischen Architekten jener Epoche, Joseph Kornhäusel, mit sicherem Geschmack das Bild der Straßen. Für den Bruder des Kaisers, Erzherzog Karl, den Sieger von Aspern, erbaute er im Helenental eines der prachtvollsten Empireschlösser Österreichs, das zu Ehren der Gemahlin des Bauherrn, einer geborenen Prinzessin von Nassau-Weilburg, »Weilburg« genannt wurde. Ein anderer Kaiserbruder, der Hochmeister des Deutschen Ritterordens Erzherzog Anton, erwies sich als großzügiger Wohltäter der Stadt. Nach der Brandkatastrophe ließ er Straßen und Wege neu trassieren und mit Bäumen bepflanzen, ferner veranlaßte er den Wie-

und Invalide kostenlos behandelt und gepflegt werden sollten, und den Bau des »k. k. Militärbadehauses Peterhof«, welches er »dem kranken und verwundeten Krieger« widmete.

Mit der kaiserlichen Familie kamen die Hocharistokratie, der Geldadel, das gehobene Bürgertum und die hohe Beamtenschaft nach Baden. Nachmittäglicher Treffpunkt der Gesellschaft während der schönen Jahreszeit waren die Kurkonzerte im Park. »Kavaliere, Staatsmänner, elegante Offiziere, Kranke und Gesunde, Verliebte und Hagestolze, Stutzer und schöne Frauen in junonischer Haltung promenieren vor dem Pavillon auf und ab, währenddem ein anderer Teil der Anwesenden unter dem Schatten der Bäume sitzt und deraufbau zahlreicher Gebäude, darunter des berühmten »Frauenbades« am Josephsplatz.

Als 1814/15 der Wiener Kongreß tagte und die k. k. Haupt- und Residenzstadt für einige Zeit der Mittelpunkt der Welt war, erlebte Baden eine wahre Invasion vornehmer Damen und Herren. Gekrönte Häupter, Diplomaten, aristokratische Mitläufer, Sekretäre, Kämmerer und Frauen der großen Welt und Halbwelt fuhren »in die Provinz«, um sich hier – unbeobachtet, wie sie vermeinten – zu amüsieren. Ein gewisser Sittenverfall ging damit zwangsläufig Hand in Hand. »Wegen der verpönten Kunst, die Frucht des keimenden Lebens nicht nur durch operative Eingriffe, sondern auch durch andere Mittel zu beseitigen, war Baden weit und breit berüchtigt, und daß man hier auch mehrere, hohen Herrschaften überdrüssig gewordene Damen zu beruhigen und unschädlich zu

Das Scheinersche Kaffeehaus in Baden. Ausschnitt aus einem Gemälde von F. C. Hofmeister. Um 1825.

machen versuchte, ist ebenfalls ein öffentliches Geheimnis«, schrieb rückblickend die »Badener Zeitung«. Ein angesehener Badener Arzt, der in eine mysteriöse Entführungs- und Vergiftungsaffäre verwickelt war, erhängte sich, als vor seinem Hause ein Fiaker hielt, in dem er eine Gerichtskommission vermutete.

Nach dem Tode des guten Kaisers Franz war es fürs erste mit der glänzenden Epoche Badens vorbei. Sein Sohn und Thronerbe, Ferdinand I., »der Gütige«, brachte für die Kurstadt nur wenig Sympathie auf. Und das mit einiger Berechtigung: Am 9. August 1832 hatte ein pensionierter und offenbar geistesgestörter Offizier in der Hochstraße (der heutigen Marchetstraße) auf den damaligen Kronprinzen ein Pistolenattentat verübt. Obwohl dieser dabei nur leicht verletzt wurde, war der Schock doch so groß, daß ihm seit damals der Aufenthalt in der Stadt verleidet war. Er hat sie auch nie wieder betreten.

Mit Ferdinand blieben auch die Aristokratie und die sonstigen noblen Gäste aus. Die Flaute dauerte jedoch nicht allzulang, denn schon ab 1841 brachte die neueröffnete Wien-Gloggnitzer Eisenbahn (die spätere Südbahn) riesige Besucherströme in die Schwefel- und Weinstadt. Zur gleichen Zeit wurde zu dem schon bestehenden »Hoftheater an der Schwechat« eine zweite Badener Bühne, das »k. k. privilegierte Tags-Theater im Parke der landesfürstlichen Stadt Baden«, eröffnet. Diese »Sommerarena« erwies sich als Königsidee der damaligen Fremdenverkehrsmanager, die damit genau die Wünsche auch des einfachen Publikums mit kleineren Brieftaschen nach Unterhaltung und Zeitvertreib trafen. Hatte doch schon Jahre vorher der Journalist Joseph Richter in seinen fingierten

»Briefen eines Eipeldauers an den Herrn Vetter in Kagran« über das lustige Badener Leben und die wahre Theaterbesessenheit der Kurgäste geschrieben: »Wo glaubt der Herr Vetter, daß ich gestern g'wesen bin? Z' Baden war ich. Das ist ein Ort, wo d' kranken Leut 's Bad brauchen! Das sind aber kuriose Kranke. Ich will dem Herrn Vetter nur einmal ihre Lebensart beschreiben. In der Fruah schlafen s', bis ihnen d' Sonn ins Zimmer scheint. Hernach gehn s' ins Bad und da wird nichts als Spaß trieben und sie sind oft so lustig, daß man's gar nicht begreifen kann, wie d' Kranken solche Einfälle haben können. Darauf spielen s' Karten, bis man ihnen zum Tisch ruft und da fressen d' Kranken wie die Halter ... Daweil wird's ins Theater Zeit, und da lachen s' das wieder heraus, was g'essen und trunken haben ...«

Zum Lachen wird in dem Sommertheater wohl reichlich Gelegenheit gewesen sein, denn es war nur eine bessere Schmiere, die mehr der Belustigung der Zuschauer als zu deren Erbauung diente. (Schon die ungewöhnliche Art, mit der die Aufführungen angekündigt wurden, verursachte einiges Aufsehen: Drei Böllerschüsse zeigten die Kasseneröffnung an, drei weitere den Beginn der Vorstellung.)

Ein drittes Theater besaß Baden um die Mitte des vorigen Jahrhunderts im Helenental, im Sommerhaus des reichen Wiener Armeelieferanten und Großfuhrwerkers Joseph Freiherrn von Dietrich. Es war ein winziges Privattheater auf dem »Olymp« der Villa und diente ausschließlich dem Vergnügen des kunstbeflissenen Hausherrn und seiner Gäste. Nach Dietrichs Tod übernahm 1856 der Komparseriedirektor des Wiener Hofburgtheaters Valentin Niclas das Theaterchen als Eleven-

bühne und leitete es bis 1883. Joseph Kainz erntete hier seine ersten Lorbeeren.

1805 wurde zum ersten Mal ein »Verzeichnis der verehrungswürdigen Baad- und Kurgäste, welche die heilsamen Schwefelbäder besuchet haben«, gedruckt. In diesen alljährlich erschienenen Kurlisten findet man Ludwig van Beethoven eingetragen, der 15 Sommer in Baden wohnte – natürlich fast immer in einem anderen Hause. In seiner bescheidenen Wohnung in der Rathausgasse schuf er 1824 seine IX. Symphonie. Im August 1826 verübte Beethovens Lieblingsneffe Karl im Helenental bei der Ruine Rauhenstein einen Selbstmordversuch. Als man dem schon stocktauben und todkranken Meister davon Mitteilung machte, wurde er nach einem Bericht seines Biographen Anton Schindler über Nacht zum Greis.

Franz Grillparzer zählte zu den treuen Besuchern der Stadt, ebenso die Tänzerin

Im Schwefelbad.

Bild linke Seite:
Vor dem Theresienbad in Baden.
Holzschnitt von S. R. Wehle.
Um 1870.

Programm des Stadttheaters Baden vom 4. Oktober 1867.

Pauschal-Abonnement Nr. 112. **Stadt-Theater in Baden.** Im kleinen Abonnement

Heute Freitag den 4. Oktober unter der Direktion des Leopold Kottaun:

Zur Feier des Allerhöchsten Namensfestes Sr. k. k. apost. Majestät

Franz Josef I.

Bei Beleuchtung des äusseren Schauplatzes.

Der Pariser Taugenichts.

Lustspiel in 4 Aufzügen, frei nach dem Französischen von Carl Töpfer.

Personen:

General Graf von Morin	Hr. Klobuschitzky.
Eduard, sein Sohn	Hr. Lazzer.
Baronin von Morin, des Generals Schwester	Frl. Calliano.
Madame Mennieur	Fr. Kottaun.
Elise, } ihre Enkel	Fr. Rosé.
Louis, } ihre Enkel	Frl. Sachs.
Herr Bizot, ein Negoziant	Hr. Mayer.
Hilaire, des Generals Kammerdiener	Hr. Klein.
Jean, } Bediente	Hr. Sürch.
Françoise, } Bediente	Hr. Heine.

Preise der Plätze wie gewöhnlich.

Kassa=Eröffnung 6 Uhr. — Anfang 7 Uhr.

Morgen Samstag den 5. Oktober 1867 erste Gastvorstellung des

Hrn. von Ernest vom königl. Hoftheater in Wiesbaden.

Wahn und Wahnsinn.

Schauspiel in 2 Aufzügen. Nach dem Französischen bearbeitet von Lembert.

Hierauf:

Dir wie mir.

Lustspiel in 1 Aufzuge von Roger.

Druck von Jakob Gräy in Baden, 464.

Fanny Elßler, der Biedermeiermaler Leopold Kupelwieser und der Erzbischof von Erlau, Johannes Ladislaus Pyrker. Die Liste ließe sich beliebig lang fortsetzen. Um 1850 spielte die Kurstadt auch eine gewisse politische Rolle, als sie zum Sammelpunkt der sogenannten »Vor-Achtundvierziger Konservativen« Ungarns wurde, die die Rückkehr verfassungsmäßiger Zustände in ihrer Heimat betrieben. Albert Graf Apponyi erinnerte sich in seinen Memoiren, daß sein Vater, der Führer dieser politischen Gruppe, bewußt sein Domizil in die Nähe von Wien verlegte, »wo damals allein gearbeitet werden konnte«, und in dem Badener Tuskulum ein ständiges Kommen und Gehen von Parteifreunden und Vertrauten herrschte. In den glänzenden Friedensjahrzehnten, die noch bis zum großen Krieg und dem Zusammenbruch der Monarchie verblieben, machte sich in Baden der Ehrgeiz bemerkbar, ein möglichst mondäner Kurort zu sein, in dem es mehr auf das »Milieu« als auf die Wiederherstellung der Gesundheit ankam. So sah sich die Kurkommission veranlaßt, 1901 für das gehobene Publikum eine französische Werbeschrift »Une ville d'eaux autrichienne« drucken zu lassen, und auch das skizzierte »Badner Milieu« in Edmond Rostands »L'Aiglon« oder in Arthur Schnitzlers Tragikomödie

CARL SACHER'S
HÔTEL PENSION & KURANSTALT HELENENTHAL * BADEN b/Wien

TELEFON No 1
IN BADEN.
Telefonverbindung
mit allen oesterr.
Telefoncentralen.

Badener Werbekarte.

»Das weite Land« hatten mit einer Kur im eigentlichen Sinne nichts mehr zu tun.

Um die Jahrhundertwende schlugen prominente Wiener Schauspieler, Sänger und Musiker regelmäßig zur Sommerszeit ihr Quartier in Baden auf, manche von ihnen erwählten die Kurstadt sogar zu ihrem ständigen Wohnsitz, wie die Komponisten Carl Zeller und Carl Michael Ziehrer, der letzte »k. k. Hofballmusikdirektor«. Von 1896 bis 1906 leitete Carl Komzák, vormals Militärkapellmeister im Niederösterreichischen Infanterieregiment Nr. 84, die Kurkapelle und setzte mit einem hinreißenden Walzer den »Badner Madl'n« ein musikalisches Denkmal. Einer seiner Nachfolger als Kurkapellmeister war Oscar Nedbal, der Komponist der Operette »Polenblut«. Der Beliebtheitsgrad der damaligen Kurkonzerte spiegelt sich in einem am 20. April 1899 in der »Badener Zeitung« erschiene-

nen vierspaltigen Feuilleton »Cur-Capellen-G'schichten«, das sich aus Titeln von gern gehörten »Bademusiken« zusammensetzt:

»Auch du, *mein Baden* (Walzer von Komzák), wirst wieder jetzt *im Frühling* (Gavotte von Buri) *des Wanderers Ziel* (Ouvertüre von Suppé) und *Dorf und Stadt* (Polka Mazur von Komzák) sendet dir seine Gäste. *Dichter und Bauer* (Ouvertüre von Suppé), *Templer und Jüdin* (Oper von Marschner) ziehen ein in deine Thore, sogar die *Afrikanerin* (Oper von Mayerbeer) scheut nicht die lange Reise über *Wellen und Wogen* (Walzer von Strauß) zu deiner Heilquelle. Wieder füllt sich der Curpark, der *Gigerl-Mucki* (Marsch von Schmidt), der *Schauspieldirector* (Ouvertüre von Mozart) promenieren neben *Mister Menelaus* (Operette von Bayer) und die *Weaner Madl'n* (Walzer von Ziehrer) plaudern *im Wiener Dialekt*

(Walzer von Schrammel) und machen Propaganda für *Wiener Mode* (Potpourri von Bednarz) und *Wiener Chic und Schan* (Lied von Lorens). *Der gemütliche Hamburger* (Polka von Komzák Vater) liest im Cur-Café *telegraphische Depeschen* (Walzer von Strauß), die *Leitartikler* (Walzer von Strauß) und auch die *Zeitungsenten* (Potpourri von Conradi), die *Morgenblätter* (Walzer von Strauß) bringen, während die *Schweizerfamilie* (Ouvertüre von Weigl) den *Solisten* (Potpourri von Schreiner) lauscht und nebstbei die *Illustrationen* (Walzer von Strauß) und *Flugschriften* (Walzer von Strauß) durchblättert ... usw.«

Zu Silvester 1899 verstarb in Baden der Schöpfer des »Bettelstudenten«, Carl Millöcker. Er vermachte einen Teil seiner Original-Operettenpartituren dem sogenannten »Rollettmuseum«. Dieses reichhaltige und mit unendlicher Liebe eingerichtete Museum – eine wahre Schatzkammer und Fundgrube für Historiker und Kunstfreunde – geht auf den einstigen Stadtphysikus Dr. Franz Anton Rollett zurück, einen typischen, vielseitig interessierten Großbürger der franziszeischen Epoche. Er war jener Arzt, der zu dem schwerverletzten Ferdinand Raimund gerufen wurde, als dieser sich aus Furcht vor der Tollwut eine Kugel durch den Kopf gejagt hatte. Nach dem Ableben des Dichters hat sich Rollett die Schädeldecke des Unglücklichen bei der Obduktion der Leiche angeeignet, um sie seiner Schädelsammlung einzuverleiben, mußte sie aber später nach einem unerquicklichen Rechtsstreit wieder herausgeben.

Die Sammelpassion des Dr. Rollett hat sich – offenbar gefördert durch das geistige und kulturelle Klima dieser Stadt – bis in unsere Tage erhalten. Es ist verwunderlich, wie

viele Badener Bürger etwas sammeln: Bilder, Münzen, Photographien, Dokumente, alles und jedes, was in irgendeinem Bezug zu der Stadt steht. Viel Wertvolles aus der Vorväterzeit wird auf diese Weise erhalten und von Generation zu Generation weitergereicht. Es ist eine jener liebenswerten Badener Eigentümlichkeiten, die Tradition und Fortschritt in glücklichster Weise miteinander zu verbinden verstehen, so daß für viele Menschen die Kurstadt heute noch immer die Verkörperung des alten Österreich ist, das sich hier in vorzüglichster Weise konserviert hat.

Hofsalonwagen der Lokalbahn Wien–Baden. Um 1912.

Bad Ischl

Während Baden nach dem Tode seines großen Gönners und Wohltäters, des »guten Kaisers Franz«, und dem Ausbleiben der Hofgesellschaft zum Badeort des Mittelstandes wurde, begann für Ischl, das sich damals schon gern das »Herz des Salzkammergutes« nannte, der kometenhafte Aufstieg zum Nobelkurort der ersten Gesellschaft. Ischls Entdeckung als Heilbad fällt in das Jahr 1823 und ist zwei tüchtigen Ärzten zu verdanken: dem »Kammerguts-Sekundararzt« Dr. Joseph Götz und dem Hofarzt und nachmaligen Rektor der Wiener Universität Dr. Franz Wirer, Ritter von Rettenbach. Dr. Götz hatte die zahlreichen medizinischen Berichte über die in Europa eben in Mode gekommenen Salzbäder eifrig studiert und 1819 versuchsweise damit begonnen, gicht- und hautkranke Salinenarbeiter in einem Gemisch von heißer Sole und Schwefelwasser aus dem Ischler Salzberg baden zu lassen. Dr. Wirer, der auf einer Reise durch das Salzkammergut in Ischl Station machte, lernte dort die neue Behandlungsmethode kennen und war von den verblüffenden Heilerfolgen so beeindruckt, daß er auf der Stelle den Ausbau Ischls zum Badeort in die Wege leitete. Er veranlaßte die Errichtung einer Badeanstalt mit 25 »Badestübchen« durch den Salinenkassier Johann Michael Tänzl – und in eben dieses »Tänzlbad« schickte er 1823 aus Wien die ersten Patienten, vierzig an der Zahl.

Dr. Wirer hatte auch sogleich erkannt, daß Ischl sich – abgesehen von den Solbädern – durch sein angenehmes Klima und seine wunderhübsche Umgebung vorzüglich zum »Terrainkurort« für herzleidende oder auch nur nervöse und erschöpfte Personen eignen würde. Friedrich von Gentz, der Adlatus Metternichs, bestätigte diese durchaus richtige Auffassung, als er nach einem Besuch des jungen Kurortes anerkennend in seinem Tagebuch vermerkte: »Ich verlasse Ischl, ohne die Bäder gebraucht zu haben, mit großer Zufriedenheit. Der bloße Aufenthalt in diesem schönen Thale und der reinen Luft scheint, trotz der Präponderanz des schlechten Wetters, höchst wohltätig auf mich gewirkt zu haben.« Und ein anderer interessanter früher Kurgast, die preußische, in Wien ansässige Schriftstellerin Helmina von Chézy, schreibt in ihrem Werk »Norika«, dem »ausführlichen Handbuch für Alpenwanderer und Reisende«, begeistert: »Ischls Lage ist eine der freundlichsten im Schoße eines romantischen Thales, die man sich denken kann. Nicht leicht findet man irgendwo das Erhabene, Kolossale, mit dem lieblich Idyllischen so innig und rührend verschmolzen, als hier, wo sich die überraschendsten Naturreize zu einem Bilde vereinen, dessen Eigenthümlichkeit das Herz ergreift. Gletscher und wilde schroffe, keck in die Landschaft hineingeworfene Felsmassen, tobende Fluthen, rieselnde Quellen, ernste Waldungen, liebliche Fluren, der Busen eines geräumigen Thales, darin malerische Wohnsitze und zierlich gepflegte Umgebungen einzelne Gemälde bilden.«

1825 kam zum ersten Male ein Mitglied des Kaiserhauses nach Ischl. Es war der rheumakranke Kardinal-Fürsterzbischof von Olmütz, Erzherzog Rudolf. Die Kur verlief zufriedenstellend, die Bäder und Unterkünfte fanden durchaus den Beifall des hohen Gastes. Sogar auf eine ordentliche Verpflegung der Gäste hatte die Behörde ein wachsames Auge, indem sie in der »Polizey-Ordnung« den Badearzt dazu anhielt, »sich vor der Ausspeisung öfters in

Ischl um 1840. Lithographie von G. Scheth nach Th. Ender.

die öffentlichen Speise- und Gasthäuser zu begeben, um sich von der Zubereitung der Speisen zu überzeugen«.

Für Ischls Zukunft als kaiserliche Sommerresidenz war das Jahr 1828 entscheidend. Erzherzog Franz Karl, zweitältester Sohn Kaiser Franz' I., und seine Gemahlin, Erzherzogin Sophie, erschienen über Empfehlung Dr. Wirers zur Kur und nahmen mit großem Gefolge im »Hofschmiedehaus«

Wohnung. Die Ehe des Erzherzogs war im sechsten Jahr kinderlos, obwohl die Ärzte der unglücklichen Sophie teure Bäder in verschiedenen Kurorten der Monarchie verordneten. Doch nach dem zweiten Sommer in Ischl stellte sich endlich der so lang ersehnte Stammhalter ein – ein Erfolg, den Sophies Leibarzt Dr. Johann von Malfatti den Solbädern und der Ischler Luft zuschrieb. Der erste Sohn, Franz

19

Bad Ischl — Kaiserliche Villa

Kaiser Franz Josef I.

Postkarte aus Bad Ischl

Bild rechte Seite: Empfang Kaiser Franz Josephs in Ischl durch seinen Schwiegersohn Erzherzog Franz Salvator und dessen Kinder.

Joseph, kam 1830 zur Welt, zwei weitere »Salzprinzen«, Ferdinand Maximilian, der spätere Kaiser von Mexiko, und Karl Ludwig, folgten in den nächsten Jahren und – als Nachzügler – der »kleine Prinz«, Ludwig Viktor. Franz Karl und Sophie verbrachten nahezu jeden Sommer in Ischl, und auch ihr Erstgeborener, der spätere Kaiser, bewahrte dem Ort zeit seines Lebens die Treue. In seinen 86 Lebensjahren kam Franz Joseph nur in drei Sommern nicht nach Ischl: 1878 wegen der Okkupation Bosniens und der Herzegowina und in den Kriegsjahren 1915/16.

1853 fand im Hause des Bürgermeisters Wilhelm Seeauer auf der Esplanade (dem späteren »Hotel Austria«) die Verlobung Franz Josephs mit seiner Cousine, der sechzehnjährigen Bayernprinzessin Elisabeth – »Sisi« –, statt. Wenngleich die Verlobung auch nicht ganz wunschgemäß verlief (Erzherzogin Sophie wünschte sich

20

bekanntlich Elisabeths ältere Schwester, die ernste und damenhafte Helene, zur Schwiegertochter), war es doch ein grandioses Fest – für die kaiserliche Familie und für ganz Ischl. »Wie ein Lauffeuer hat sich die Nachricht verbreitet«, schreibt Egon Caesar Conte Corti in seiner Franz-Joseph-Biographie. »Alles strömt in die Kirche, wohin das Brautpaar kommen soll. Als Franz Joseph mit dem Mädchen an der Hand, das seine Frau werden soll, vor den Geistlichen hintritt und sagt: ›Ich bitte, Hochwürden, segnen Sie uns, das ist meine Braut!‹, erklingt draußen vor der Kirche die Volkshymne. Alle Häupter entblößen sich, alles kniet nieder und betet für das Glück des jungen, glückstrahlenden Paares.« Nach Sonnenuntergang flammten im Kurort Tausende Kerzen auf, und auf dem Siriuskogel leuchteten die Initialen der Brautleute, FJ und E, »in feurigen Lettern, von einem riesigen Brautkranz umwoben«. Die Kaiserin-Mutter hatte sich zur Verlobung generös eingestellt: Sie schenkte dem Brautpaar die von ihr angekaufte Villa Eltz am Fuße des Jainzenberges, die dann zur »Kaiservilla« umgebaut und mit einem prächtigen, waldartigen Naturpark umgeben wurde. In der Kaiservilla war auch die Hofkanzlei untergebracht, in der Franz Joseph während seiner Anwesenheit täglich die Berichte aus Wien durch Kurier empfing.

Im Hofsommerlager fand sich nicht nur die gesamte österreichische, ungarische und böhmische Hocharistokratie ein, auch Diplomaten und sonstige Würdenträger kamen und gingen. Auch die Herrscher fast aller europäischen Staaten statteten dem Kaiser an seinem Urlaubsort Besuche ab. Das alles gab reichlich Anlaß zu glanzvollen Festlichkeiten und Theateraufführun-

V. Chiavacci's

Wiener Bilder

Illustrirtes Familienblatt

Redaktion
und
Administration
Wien
III. Beatrixgasse 14 b.
Stelle 6
Telephon von 1048

Nr. 28.　Wien, Mittwoch, 12. Juli 1911.　XVI. Jahrgang.

Abonnements-Bedingnisse: für Oesterreich-Ungarn vierteljährig K 2·50, halbjährig K 5·—, ganzjährig K 10·—; für Deutschland vierteljährig M. 3·50, ganzjährig M. 14·—; für alle übrigen Staaten entsprechender Aufschlag. — Inseratenannahme durch alle Annoncenbureaus des In- und Auslandes. — Unverlangt eingesandte Manuskripte werden nicht retourniert. Redaktion und Administration: III. Beatrixgasse 14 b. — Telephon: Stelle 6 von 1048. — k. k. Postsparkassen-Konto Nr. 54,154. Einzelnummer 20 Heller

Der Kaiser in Ischl

(Siehe Seite 4.)

Das Erdbeben in Ungarn. ★ Der europäische Rundflug. ★ Das Internationale athletische Meeting in Wien.

Kaiser-Preisrätsel

*Johann Strauß während seines
letzten Sommeraufenthaltes in Ischl
1898.*

Darstellerin Pauline Lucca, hinter deren italienischen Künstlernamen sich eine urwüchsige, sehr resche Wienerin verbarg, photographieren ließ. Die Bilder lösten in der Gesellschaft eine Flut von Gerüchten und Vermutungen aus, so daß sich Bismarck genötigt sah, die Platten und die noch greifbaren Bilder vernichten zu lassen.

Unter den prominenten Besuchern gab es auch solche, die das noble Kurgetriebe an sich entschieden ablehnten. Der Schriftsteller Ignaz Franz Castelli erinnerte sich als nahezu Achtzigjähriger in seinen Memoiren daran, warum er anläßlich einer Reise durch das Salzkammergut darauf verzichtete, nach Ischl zu kommen:

*Nach Ischl hatt' ich kein Verlangen,
Und bin auch nicht dahin gegangen,
Nicht, weil es dort nicht herrlich wäre,
Nein, seiner Gegend Preis und Ehre;
Doch seh' ich in dem natürlichen Rahmen
Nicht gern geschniegelte Herrn und Damen;
Wenn einer die Berge, vor denen mir graut,
Mit dem Zwicker im Auge beschaut,
Wenn mir auf den schmalen ländlichen Wegen
Kommt eine Krinoline entgegen,
Wenn sie sich zwischen Blumen und Blüten
Mit elendem Tand und Putz überbieten,
Vor allem aber, wenn ich muß sehen,
Wenn Frauen und Mädchen, anstatt daß sie gehen,
Auf ebenen Promenaden und Straßen
Sich, weil es die Mode will, tragen lassen,
Da ist mir mein See und Landvolk viel lieber,
Und ich sehne mich nicht nach Ischl hinüber.*

Abends traf sich die Gesellschaft im Ischler Sommertheater. Ein Künstler, der hier gastierte, konnte es sich zur Ehre gereichen lassen, vor der Kaiserfamilie und einem sachverständigen Wiener Publikum auftreten zu dürfen. Alexander Girardi war ein gern gesehener Gast. Der große Volks-

gen zu Ehren der Gäste. Die oft pausenlose Folge von Veranstaltungen wurde mitunter als äußerst strapaziös empfunden. Der preußische Staatskanzler Bismarck klagte zum Beispiel in einem Brief aus Ischl vom 21. August 1865 seiner in Homburg weilenden Gattin: »Ich sehne mich sehr nach etwas Abspannung, das Hofleben greift noch mehr an als die Geschäfte. Zwölf Karten bin ich in zwei Stunden hier losgeworden, unter Blitz, Regen und Sonnenschein...« Der Kanzler brachte sich selbst einmal arg ins Gerede, als er sich auf der Esplanade mit der als sehr lebenslustig bekannten Opernsängerin und Carmen-

Ischler Klänge.

Walzer=Intermezzo, gewidmet für die Kaiser=Festnummer von „Österreichs Illustrierte Zeitung"
von
Franz Lehár.

schauspieler verbrachte seine Ferien mit Vorliebe in der Nähe seiner Gönnerin Katharina Schratt, der Freundin des Kaisers, die nach einigen Sommern am Wolfgangsee 1888 im Ischler Vorort Trenkelbach die hübsche schweizerhausartige »Villa Felicitas« erworben hatte. Charlotte Wolter gastierte 1862 über besonderen Wunsch der Erzherzogin Sophie. Adele Sandrock wagte hier den Versuch, als Opernsängerin zu debütieren. Es blieb bei dem Versuch, denn in der Partie des Gretchens in Charles Gounods »Faust« wurde sie regelrecht ausgezischt. Als hin-

gegen Maria Jeritza 1910 im Sommertheater sang, war der Kaiser so entzückt, daß er sie an die Wiener Hofoper empfahl. Helene Odilon, mit Girardi erst kurz verheiratet, lernte in Ischl Baron Albert Rothschild kennen. Ihre Liaison mit dem Millionär war einer der Gründe für die folgende Ehetragödie, die für Girardi fast in einer Nervenheilanstalt geendet hätte.
Johann Strauß kam 1855 zum ersten Male nach Ischl und war von 1892 bis 1898 regelmäßiger Sommergast. Er wohnte zuerst in verschiedenen Häusern in Kaltenbach und kaufte dann die Villa der ungari-

Aus »Österreichs Illustrierte Zeitung«, Kaiser-Festnummer aus Anlaß des 60jährigen Regierungsjubiläums Kaiser Franz Josephs. Wien, 2. Dezember 1908.

23

Der Ischler Bahnhof. Um 1900.

schen Grafenfamilie Erdödy. Der Walzer-könig nahm Solbäder, spielte mit Brahms und Girardi Tarock im Café Ramsauer oder in der Konditorei Zauner und kom-ponierte viel; besonders gern bei Regen-wetter. Sein Ausspruch »Jetzt erst wird's in Ischl schön. Die Leute verlieren sich, und wie ich höre, wird's nicht mehr auf-hören zu regnen« ist überliefert. In seiner luxuriösen Villa war Strauß ein bezaubernd liebenswürdiger Gastgeber. Es wurde viel

musiziert, der Konzertmeister der Hofoper Arnold Rosé spielte mit seinem Quartett im Salon, Anton Rubinstein »bearbeitete wie ein Löwe das Klavier«.

Im Juni 1897 kam der König Tschulalong-korn von Siam nach Ischl. Drei Tage lang wehte über dem »Hotel Bauer« die Königs-fahne mit dem weißen Elefanten. Auf das Programm des Sommertheaters war eigens für den exotischen Gast die »Fledermaus« gesetzt worden; Meister Strauß dirigierte

die Ouvertüre und wurde vom König (obwohl dieser selbst der Vorstellung nicht beiwohnte, sondern sich von mehreren Prinzen vertreten ließ) mit dem »Elefantenorden Erster Klasse« ausgezeichnet. Zwei Monate später gab Strauß im Garten seiner Villa zugunsten der Opfer der schrecklichen Hochwasserkatastrophe, die am 30. und 31. Juli 1897 Ischl heimgesucht hatte, ein »Ländliches Promenade Concert« mit der k. k. Salinenkapelle und der Kur-

kapelle. Für den Kaiser waren nicht so sehr das Baden und die Festlichkeiten der Inbegriff des sommerlichen Séjours, sondern die Jagd. Franz Joseph war ein leidenschaftlicher Weidmann, ein hervorragender Schütze und ein großzügiger Jagdherr. In der Regel wies er seinen Jagdgästen persönlich die Schützenstände zu und erklärte ihnen auch, was für Wild dort zu erwarten sei. Den besten Stand nahm er nur dann für sich in Anspruch, wenn dafür kein

25

K. k. General-Direction der Österr. Staatsbahnen.

FAHRORDNUNG

für den

SEPARAT-HOFZUG

am 15. Juli 1892.

Stationen	Ankunft		Auf-enth.	Abfahrt	
	U.	M.	M.	U.	M.
Karlsbad..................	Abends			6	45
Eger	8	5	15	8	20
Marienbad..................	9	3	1	9	4
Mies-Kladrau	9	58	5	10	3
Pilsen	10	44	1	10	45
Horažďowic-Babin	12	—	5	12	5
Budweis	1	40	6	1	46
Freistadt in Ober-Österreich	3	29	5	3	34
Gaisbach-Wartberg	4	15	1	4	16
Linz......................	4	54	6	5	—
Wels	5	28	1	5	29
Attnang-Puchheim...........	6	7	5	6	12
Ischl......................	7	35		Früh	

Jagdgast von fürstlichem Rang in Frage kam. Zu den nahe gelegenen Revieren wurde mit Hofkutschen gefahren, zu weiter entfernten mit einem Separatzug der Eisenbahn.

Eigenartigerweise benutzte der Kaiser die später so populär und zum Inbegriff der Eisenbahnromantik gewordene schmalspurige Salzkammergut-Lokalbahn nur selten. Sie schien ihm offenbar zu gefährlich. Bald nach ihrer Eröffnung 1893 fuhr er mit ihr von Salzburg nach Ischl und berichtete darüber brieflich der Kaiserin: »In Salzburg war Strichregen mit Sonnenschein abwechselnd und feierlicher Empfang am Bahnhof, wo wir den Train der neuen Bahn bestiegen. Während der Fahrt war fast überall feierlicher Empfang, besonders in Mondsee, von wo wir im Dampfschiffe ein Stück auf dem See bis zur Eisenbahnstation Blomberg fuhren, in St. Gilgen, gegenüber von St. Wolfgang, etc. – Die Bahn ist schön, aber stellenweise recht unheimlich.«

Anläßlich des 80. Geburtstages Franz Josephs im Jahre 1910 wurde das von der österreichischen Jägerschaft gestiftete sogenannte »Kaiser-Jagdstandbild« am Lauffener Waldweg feierlich enthüllt. 3000 Weidmänner aus der ganzen Monarchie waren nach Ischl gekommen, um vor dem »ersten Jäger des Reiches« zu defilieren. Die von dem Bildhauer Georg Leisek geschaffene hübsche Bronzeplastik stellt den Monarchen so dar, wie er in den Erzählungen der Ischler noch heute lebendig ist: mit Kniehose, Wadenstrümpfen, Lodenrock und dem Hut mit Gamsbart. So wie die Kaiserfamilie die erste Gesellschaft in den Kurort an der Traun zog (der sich übrigens erst ab 1906 offiziell »Bad Ischl« nennen durfte), wirkte später Franz

Lehár als Magnet auf Komponisten, Librettisten und Interpreten der leichten Muse. Zu jeder Stunde des Tages konnten die Sommergäste auf der Esplanade ihre Lieblinge treffen. Leo Fall, Oscar Straus und Edmund Eysler komponierten hier; Emmerich Kálmán mietete sich 1915 im »Rosenstöckl« ein und schrieb in wenigen Monaten seine vielbejubelte Operette »Die Csárdásfürstin«. Lehár und Oscar Straus verbrachten ihre letzten Lebensjahre in Ischl und sind auf dem Ortsfriedhof begraben. Als sich der Sarg Lehárs in das Grab senkte, spielte die Salinenkapelle das Wolgalied aus dem »Zarewitsch«.

Am Abend des 28. Juli 1914 – auf den Tag genau einen Monat nach dem Doppelmord von Sarajevo – unterzeichnete in Ischl der greise Kaiser Franz Joseph schweren Herzens das Manifest »An Meine Völker«, jenes erschütternde Dokument, das den Beginn des Ersten Weltkrieges bedeutete. Zwei Tage später verließ der Allerhöchste Kriegsherr in Begleitung seines nunmehrigen Thronfolgers Erzherzog Karl für immer sein geliebtes Ischl. Und ein Jahr darauf schrieb Felix Salten einen Stimmungsbericht aus dem still gewordenen Kurort: »Während wir der rasch hineilenden Zeit gedenken und dabei die schmale, schattige Pfarrgasse entlanggehen, begegnen uns verwundete Soldaten. Der eine den Arm in der Binde, auf Krücken der andere, der nächste auf einen Stock gestützt ...«

Franz-Josephs-Straße mit Hotel »Posthof« und Pfarrkirche in Ischl. Um 1900.

27

Gastein

Sehr viel älter als der Ruhm Ischls als Kurort ist jener Gasteins, das als Heilbad schon seit den Zeiten des heiligen Rupertus, des ersten Salzburger Bischofs und Schutzpatrons des Landes, bekannt ist. Die älteste Darstellung der Entdeckung der heißen Quellen findet sich in der »Gasteiner Chronica« von 1540, in der berichtet wird, daß schon anno 680 »zwen Jäger, so über die Waller (die drei »Waller« am alten Übergang von Lend nach Gastein) hin sein kommen und den warmen Brunnen als erste gefunden . . . Daselbst haben sich die Leut hingesetzt und wenige Bäder und Häuser gepaut und das Pad zur Gesundheit der Menschen gebraucht.«

Theophrastus Paracelsus von Hohenheim, der große Arzt, Naturforscher und Philosoph, nannte das Gasteiner Wasser »Gottes eigene Composita«, und einer seiner eifrigsten Anhänger, der zu Freising geborene Mediziner und Leibarzt des Pfalzgrafen Philipp Ludwig bei Rhein, Dr. Martin Ruland, legte 1597 in seinem Werk »Drey Bücher, von Wasserbädern, Aderlassen und Schrepffen« ausführlich dar, gegen welche Leiden das Gasteiner Bad mit Erfolg zu gebrauchen sei:

»Im Beyerländt im Fürstenthumb Saltzburg ist ein Warm Bad genannt Gastein. Hat sein ursprung auß dem Kalche der Marchasiten Antomonij vnd Salniters. Hilft für Grimmen, Cholica, Bauchwehe, Weyberblödigkeit so Dij sie außbleibt oder zu viel fleüßt. Schwachheit nach der Kranckheit. Podagra von Kelte. Läme, Außsatz. Faule/Frässente schäden. Vnfruchtbarkeit der Weyber. Hilfft für den Weyssen Fluß d'Weyber. Mißgeburt d' Schwängeren Weybern. Vnreins Blut. Dann es reinigets. Schlaffsucht, Schwindel. All Hauptsucht von Kelte. Fliessente Augen. Dunckle Augen. Haaraußfallen. Schmertzen im Leib. Vnreinen Magen. Hartt Miltz Bläst vnd Windt. Geelsucht, Stein der Nieren vnd Blasen der zerbricht es vnd treibt jhn auß. Böse Feuchtigkeit der Beermüter, Naßen geschwer vnd gestanck. Hilfft für Kurffes im Mundt. Zänn wagglen. Mangel des Samens. Herte vnd geschwulst der Brüst vnd Zusammen geloffene Milch. Zu viel wachsen der Brüst. Geschwer auß Brennen. Blatter. Die Rauden. Hilfft für Allerley Haudtsucht. Alle vberflüßsige feuchtigkeit vnd alle Feuchte Kranckheit.«

Ende des 16. Jahrhunderts war die salzburgische Wunderquelle schon so stark besucht, daß die wenigen Unterkünfte nicht ausreichten. Die vorhandenen waren armselig, finster und eng und gaben Anlaß zu heftiger Kritik. Ein Erasmus von Windischgraetz beklagte sich bitter in einem Brief an seine Freunde daheim in der Steiermark, daß er vergeblich ein Quartier suchte und trotz seiner angegriffenen Gesundheit vierzehn Tage lang nicht baden konnte. Im übrigen, so meinte der steirische Edelmann, sei Gastein »ein sehr langweilig Wesen« und obendrein teuer: »Ein Semel umb ain pfenig gilt hie drei, ain virtl wein 12 Kreuzer.« Auch der Fürst-Erzbischof und Landesherr von Salzburg Paris Lodron, der in den Jahren 1620 bis 1630 das »Wildbad« mehrmals besuchte, war mit dem Logis, das ihm und seinem glänzenden Gefolge das Holzhaus der Bürgerfamilie Straubinger bot, recht unzufrieden. Die Badehütten schützten weder vor Regen noch vor Sturm, so daß sich die Gäste unausgesetzt Erkältungen holten. Ebenso mißfiel dem hohen Gast, daß sich in den Gemeinschaftsbädern Männer und Frauen allzu ungezwungen bewegten, weshalb er

*»Die Entstehung von
Wildbad Gastein«.
Triptychon von Carl Mayer.*

sogleich den Badeaufseher anwies, diesem Unfug, der nur der Unsittlichkeit Vorschub leiste, ein Ende zu bereiten. Auch der Welschtiroler Arzt Hippolytus Guarinonius, der etwa um die gleiche Zeit die »Wildbäder« Tirols und Salzburgs bereiste, beklagte die eheliche Untreue, »welche viele Frauen in die Wildnis führe, um dort ihren Galanen ein Stelldichein zu geben oder Buhlschaft mit wilden Holzknechten zu treiben . . .«, und er sieht die Weiber ins Bad ziehen, damit sie »feist und dick und batzend« werden, was bei der von ihm beschriebenen »Tagesordnung« wohl gar nicht anders möglich war: »Morgens um sechs Uhr, wenn sie sich ins Bad setzen, essen sie eine Pfanne voll Eier mit einer Rahmsuppe; zwischen sieben und acht Uhr eine Pfanne voll Milch oder Eiermus nebst einem Trünklein Traminer; um neun Uhr einen fetten Schmarrn, kleine Fischlein oder Krebsen dazu; zwischen zehn und elf Uhr das Mittagmahl, aus sieben guten Speisen bestehend; dann ›Freizeit‹ außer-

29

halb des Wassers bis halb zwei Uhr etwa, dann eine Kräftigung zum neuen Badbeginn mit einer Pfanne voll Eierdampfnudel nebst einer guten Hühnerpastete, darauf zwischen drei und vier Uhr ein bis zwei gesottene Eier, ein gebratenes Kapäundl oder Huhn dazu. Dann folgt das Nachtmahl mit vier bis fünf guten Speisen, worauf sie bis acht Uhr abends im Bad bleiben. Vor dem Schlafengehen gibt es noch ein ›Schwingmus‹ nebst einer Schüssel Wein und Brot sowie eine würzige Bäckerei. Dann können die Frauen schlafen bis zum Rahmsüpple am Morgen; falls sie aber erwachen sollten, kochen die sorgsamen Badammen gleich ein kräftiges Dottersüppchen.«

Über ausdrücklichen Befehl der hochfürstlich salzburgischen Administration wurde eine Badeordnung erlassen, welche die Quartierpreise regelte und die Zimmervermieter verpflichtete, »die Betten, so es die Zeit und das Wetter leidet«, öfters, doch wenigstens einmal im Jahr auszulüften. Ab 1671 mußten die Badegäste ärztlich betreut werden. Der erste Badearzt war ein gewisser Dr. Franz Duelli aus Radstadt, welcher in den Sommermonaten nach Gastein übersiedelte. Die Aufgabe des Badearztes war es, die Fremden über die Dauer ihrer täglichen Bäder zu beraten und sie vor einem allzu intensiven Kurgebrauch zu warnen, denn so manchem Patienten waren die heißen Bäder nicht wohlbekommen, wie eine uralte Grabinschrift auf dem Gasteiner Friedhof bezeugt:

Er reisete hierher zum Bade
in Hoffnung, daß durch Gottes Gnade
sein matter Körper Kraft erhält.
Doch da es Gott nicht haben wollte,
daß er auf Erden baden sollte,
so rief er ihn aus dieser Welt.

Der erste Steinbau in Gastein war das »Badeschloß« des Fürst-Erzbischofs Hieronymus Graf Colloredo. Dieser letzte geistliche Herr auf Salzburgs Fürstenthron hatte 1780 anläßlich einer Bäderreise nach dem belgischen Spa und nach Bad Ems den Komfort der dortigen Kurbetriebe gesehen und war davon so beeindruckt, daß er nach seiner Rückkehr anordnete, auch in Gastein, das ihm jetzt allzu primitiv erschien, ein schönes, repräsentatives Bade- und Gästehaus zu bauen. Die Pläne dazu entwarf er höchstpersönlich. Doch nur zu bald zeigte es sich, daß für einen Monumentalbau, wie er dem Kirchenfürsten vorschwebte, in dem engen Tauernhochtal einfach nicht genügend Platz vorhanden war. Daher schmolz das großartige Projekt trotz langer Überlegungen immer mehr zusammen, bis schließlich nur ein bescheidenes Privatschlößchen zustande kam. Aber auch das war teuer genug. Es kostete den als sparsam bekannten Colloredo die beträchtliche Summe von 41.158 Gulden.

Wildbad Gastein. Um 1850.
Gemälde von Emil Löhr.

Bild linke Seite:
Wildbad Gastein. Um 1850.
Gemälde von Emil Löhr.

Eine Gasteiner Badekur eines Müncheners im Jahre 1741.

In einem Handschriften-Convolut der Münchener Bibliothek findet sich folgende Aufschreibung:

Ausgab auf die Gasteynerrais 1741.

	fl.
Den 14. May von München abgeraist und den Salzburger potten Hr. Joseph Schmid für fuhrlohn und cosst bis Salzburg gegeben	7.—
Zu Salzburg ybernachtet und dem Herrn Öxl, weinwürth aldort bezalt	1.—
Den 19. May dem Salzburger Lohnrössler bis in die Gasteyn fuhrl. bezalt	12.10
Den 20. dito in der Gasteyn ankommen und für die collation geben	—.23
Den 21. May am H. Pfingsttage die baadcur mit Gott angefangen und erste woch vor cosst bezalt	1. 8

NB. des tags 1 : mal gessen.

Zweite woch vor cosst	—.42
3te woch aberm. vor cosst	1.12
4te und lesste woch mehrmal cosst	—.48
Den Herr Straubinger Würth in d. Gasteyn für Zimmer wochentlich 1 fl. 30 kr. mithin bez.	6.—
Baadmaister verehrt	2.—
Sein Leut trinkg.	—.45
Messner aldort verehrt	—.36
Baad zum abschied 1 viertl Birr mit	—. 9
Den 16. Juni mit Gott von der Gasteyn abgeraist und bis Salzburg fuhrlohn geben	6.—
Auf der Lendt yber mittag verzehrt	—.20
Zu Bischoffshof ybernacht und verzehrt	—.20
Zu Golling mittags vz.	—.18
Den 18. May (recte Juni) nachts umb halbe 10 Uhr zu Salzburg ankommen, und bei dem Thor sperrgelt z. . .	—. 7
Zu Salzburg bei obigen Hr. Öxl abermal einkehrt und vor 3 mahlzeiten und 2 nächt bezalt	2.30
Den 19. Juni von Salzburg abgeraist und zu Palling yber mittag verzehrt	—.20
Zu Altenmarkt ybernachtet und verzehrt	—.33
Den 20. zu Wasserburg yber mittag	—.28
Steinring unbillige mautt	—. 5
Eberspeig yber nacht verzehrt	—.58
Den 21. Juni zu München mit Gott ankommen, und dem fuhrmann von Salzburg bis hieher bezahlt	8.32
Summa . fl.	**54.24**

(Nach der Säkularisierung des Erzbistums Salzburg und seiner Angliederung an den österreichischen Kaiserstaat wurde das Badeschloß 1807 auf Veranlassung von Kaiser Franz I. der Öffentlichkeit zur Verfügung gestellt. 1866 kam es in den Besitz Kaiser Franz Josephs, und dieser wiederum schenkte es 1912 als Stiftung für ein Militärkurhaus dem Militärärar.)

Als nächste Steinbauten entstanden 1826 das neue Straubingerhaus und 1830 die Villa des Erzherzogs Johann am Fuße des Stubnerkogels (das spätere »Meranhaus«), hell, freundlich, inmitten eines wunderhübschen Gartens, über den der Badearzt Dr. Burkhard Eble in seiner Monographie »Die Bäder Gasteins« berichtet: »Hinter dem Badhaus Sr. kaiserlichen Hoheit des Erzherzogs Johann befindet sich am Felsenabhange gleichsam treppenartig ein niedlicher Garten, mit vieler Mühe dem steinigen Grunde abgewonnen. In diesem Garten ließ der Erzherzog mehr als 500 Arten der seltsamsten Alpenpflanzen aus den höchsten Gipfeln der Tauern verpflanzen, ein Werk, wofür ihm nicht allein jeder Botaniker, sondern jeder Gebildete den wärmsten Dank schuldig ist . . .«

Der steirische Prinz gehörte damals, als er seine Villa bauen ließ, bereits zu den Stammgästen von Gastein. 1822 war er zum ersten Male hierher gekommen, nachdem ihn in Vordernberg ein wilder Stier an der Schulter verletzt hatte und ihm Thermalbäder ärztlich verordnet worden waren. Metternichs Polizeispitzel kolportierten auch von hier jeden seiner Schritte. Am 27. Juli 1822 erging ein geheimer Bericht nach Wien, in dem es heißt: »Seine Kaiserliche Hoheit lebt im Baad Gastein im strengsten Incognito und erscheint stets in der Kleidung eines Steyrischen Landsmanns.

Auch speiset derselbe Mittags an der gewöhnlichen Table d'hôte, und hat es sich ausbedungen, daß die übrigen Badegäste ihn nicht anders, als jeden anderen Badegast behandeln sollen.«

Wegen der ungünstigen und »wahrhaft furchtbaren« Lage des Wildbades »in der Schlucht am Wasserfall« hat schon im Jahre 1753 der Fürst-Erzbischof Sigismund von Schrattenbach ernstlich erwogen, das Gasteiner Thermalwasser an eine für die Errichtung einer Badeanstalt besser geeignete Stelle unterhalb des Ortes leiten zu lassen. Die ersten Versuche schlugen fehl, das Rohrsystem wurde regelmäßig im Frühjahr vom Hochwasser der Gasteiner Ache fortgeschwemmt. Erst 1829 ließ eine eigens dafür ins Leben gerufene Aktiengesellschaft eine stabile Thermalwasserleitung vom Wildbad zu dem zwei Wegstunden entfernten Hofgastein legen. Seit damals gibt es also zwei Kurorte namens Gastein: Badgastein und Bad Hofgastein.

Treibende Kraft beim Bau der Wasserleitung war der große Wohltäter Hofgasteins, der aus Ungarn stammende Abt des Zisterzienserstiftes Lilienfeld und spätere Patriarch von Venedig und Erzbischof von Erlau, Johannes Ladislaus Pyrker von Felsö-Eör. Der als Menschenfreund, glänzender Organisator und Dichter gleichermaßen berühmt gewordene und im hohen Ansehen bei Kaiser Franz I. stehende Kirchenfürst wurde 1817 als Todkranker nach Gastein gebracht. Sein Zustand war so elend, daß seine Freunde mit seinem baldigen Ableben rechneten. Er litt an den Folgen einer überstandenen Typhuserkrankung, an quälenden Rheumaschmerzen und Gefäßkrämpfen. Nach 21 Badetagen waren, wie durch ein Wunder,

alle Beschwerden verschwunden – der Kurerfolg hätte glänzender nicht sein können! Pyrker dankte dem Herrgott für seine rasche Genesung und gelobte, Gastein zum Wohle der Kranken zeit seines Lebens fördern zu wollen. Er stiftete im Laufe der Jahre verschiedene Anlagen, zum Beispiel die sogenannte »Gloriette« im Osten des Wildbades und die »Eremitage« auf der nach ihm zunächst »Patriarchenkogel«, heute »Pyrkerhöhe« genannten Anhöhe bei Hofgastein. Im »Goldenen Stadtl«, wie man Hofgastein wegen der dort ansässigen reichen Gewerken einstmals nannte, war man über die Aktivitäten des geistlichen Herrn hocherfreut, besonders als er auf eigene Kosten ein Privatbadehaus, ein öffentliches Bad und ein Bürgerasyl errichten ließ. Das Privatbadehaus machte er 1832

33

*Die Trennungsstunde schlägt und ich muß scheiden,
So leb denn wohl du freundliches Gastein!
Du Trösterin in manchen bittern Leiden,
Auch meine Leiden lulltest du mir ein.
Was Gott mir gab, warum sie mich beneiden,
Und was der Quell doch ist von meiner Pein,
Der Qualen Grund, von wenigen ermessen,
Du ließest mich's auf kurze Zeit vergessen.*

dem Kaiser Franz zur Gründung eines Militärbadehauses zum Geschenk.

Während seiner jährlichen Gasteiner Aufenthalte hatte Pyrker reichlich Zeit und Muße für seine literarische Tätigkeit. 1821 und 1823 entstand hier zum Großteil sein Heldenepos »Rudolf von Habsburg«, über das es später wegen der gleichen Stoffwahl zu einer Mißstimmung zwischen ihm und Franz Grillparzer kam. (Grillparzers »König Ottokars Glück und Ende« wurde am 19. Februar 1825 am Wiener Hofburgtheater uraufgeführt, Pyrkers »Rudolf von Habsburg« fand keine Anerkennung und geriet in Vergessenheit.) Noch kurze Zeit vorher war der damals siebenundzwanzigjährige Grillparzer über Einladung Pyrkers in das Heilbad gekommen, um ein hartnäckiges Nervenleiden zu kurieren. Er fand rasche und glückliche Genesung und gedachte des Kurortes dankbar in dem Gedicht »Abschied von Gastein«:

Auch Franz Schubert weilte als Gast Pyrkers in Gastein und vertonte daselbst 1825 dessen Gedichte »Allmacht« und »Heimweh«. Seinem Freund Josef von Spaun schrieb der bescheidene Meister hocherfreut nach Wien: »Der Patriarch hat zehn Dukaten springen lassen!«

Irgendwann in den dreißiger Jahren des vorigen Jahrhunderts entdeckten die Preußen Gastein. Einer der ersten war der Brandenburger Architekt und Maler Carl Friedrich Schinkel, der die »Neue Hauptwache« Unter den Linden in Berlin und die Nikolaikirche in Potsdam erbaute und das weltberühmte Kennzeichen des preußischen Heeres, die Pickelhaube, entworfen hat. Der Kurort war allerdings nicht nach seinem Geschmack. Er langweilte sich und schrieb an seinen Schwager: »Unglaublich ist es, wie einsam wir hier in Hofgastein leben. Das Wildbad ist eine Meile entfernt, und beide Orte sind voll von Kurgästen, aber für ihre Weltberühmtheit ist hier das Leben so ländlich und geräuschlos, daß es einen großen Abstrich gegen andere Bäder macht . . .« Im Sommer 1859 traf Helmuth von Moltke, »königlich preussischer General-Lieutenant und Chef des Generalstabes mit Frau Gemahlin« aus Berlin ein, teils um im Badeschloß die Kur zu gebrauchen, teils um mit seinem österreichischen Kollegen, dem Feldzeugmeister Heinrich Freiherrn von Heß, zu konferieren. Die beiden Herren hatten ernst miteinander zu reden: Österreich stand kurz nach der blutigen Schlacht bei Solferino. Der verlorene Krieg gegen das Königreich Piemont-Sardinien hatte den Verlust der »schönsten Provinz des Kaisers«, der Lombardei, zur Folge – während Preußen sich in dem Konflikt merkwürdig passiv verhielt, jedenfalls den Österreichern nicht zu Hilfe geeilt war. Auch 1865 wurde in Gastein große Politik gemacht. Österreich und Preußen unterzeichneten die sogenannte »Gasteiner Konvention«, welche die Verwaltung von Schleswig-Holstein nach dem deutsch-dänischen Krieg regelte. 1879 – Königgrätz war schon wieder vergessen – kam es in Gastein zu Verhandlungen zwischen Bismarck und dem österreichisch-ungarischen Außenminister Graf Julius Andrássy, in deren Folge der Zweibund Wien–Berlin, ein »Bund des Friedens und der gegenseitigen Verteidigung«, geschlossen wurde.

Als »Graf von Zollern« besuchte Wilhelm I. von Preußen in den Jahren 1863 bis 1865 inkognito Badgastein. Nach seiner Ausrufung zum deutschen Kaiser weilte er von 1871 bis 1887 alljährlich offiziell zur Kur im Badeschloß. »Die Kaiserbesuche in Bad Gastein bildeten immer den Höhepunkt der Saison«, erzählt der Gasteiner Chronist Heinrich von Zimburg. »Sie verliefen meist in sehr prunkvollem Rahmen, und Kaiser Wilhelm kam immer mit vielen Gepäckwagen nach Gastein, denn man nahm ja sogar das Hoftafelsilber von Berlin mit. Es zählte zu den Gepflogenheiten des alten Kaisers, daß er immer Herren seines Gefolges, gelegentlich auch den Bürgermeister Straubinger, seinen Leibarzt Freiherrn von Härdtl und prominente Kurgäste der Hoftafel zuzog. Solche Kaiserdiners

bildeten noch Wochen hindurch das Tagesgespräch der Kurgäste.«

Kaiser Franz Joseph stattete seinem Gast wiederholt Höflichkeitsbesuche in Gastein ab. Dies gebot einerseits die Etikette dem Älteren gegenüber, andererseits verstand man sich, trotz Königgrätz, recht gut miteinander. Als einmal während eines gemeinsamen Spazierganges auf der »Kaiserpromenade« die Neugierde der Einheimischen und Fremden besonders unangenehm auffiel, meinte Kaiser Wilhelm tröstend zu Franz Joseph: »Mach dir nichts daraus, das dauert nicht mehr lange. In einigen Tagen kommt Bismarck nach Gastein, dann schaut uns zwei niemand mehr an.« Als Wilhelm I. 1888 einundneunzigjährig starb, ließ der Bürgermeister Straubinger an der Bahre des treuen Kurgastes einen Kranz von 3000 Edelweiß niederlegen. Ein Handschreiben Bismarcks, mit welchem dieser dem Bürgermeister für die Anteilnahme Gasteins an dem Tode seines Herrn dankte, wird als wertvolle Erinnerung an die »Kaiserzeit« im Ortsmuseum aufbewahrt.

Zu Kaiser Wilhelms und Bismarcks Zeiten war die Anreise nach Gastein noch recht mühselig. Zwar konnten die Reisenden mit der 1875 eröffneten »Giselabahn« (Salzburg–Innsbruck) bereits bis zur Station Lend fahren, dort aber mußten sie umsteigen und mit der Postkutsche die restlichen 25 Kilometer auf der nicht ganz ungefährlichen Straße durch die Gasteiner Klamm zurücklegen. Als Bismarck einmal dringend nach Berlin gerufen wurde und ausgerechnet an diesem Tage die Straße durch Hochwasser unpassierbar war, blieb keine andere Wahl, als den Kanzler über die Schlucht zu »seilen«. Auch König Leopold II. von Belgien lernte die Tücke der

Straße kennen, als er – als erster motorisierter Kurgast – mit seinem Wagen prompt auf dem steilen Klammberg steckenblieb. Von sechs Rössern wieder flottgemacht, fuhr der königliche Minerva zum höchsten Erstaunen der Spaziergänger mit Pferdevorspann beim Hotel Straubinger vor.

Am 5. Juli 1909 wurde nach achtjähriger Bauzeit die Tauernbahn durch das Gasteinertal nach Kärnten feierlich eröffnet. »... es möge die neue Bahnstrecke, die letzte in der Reihe der großen Alpenbahnen, dem Lande, welchem ich meine Für-

sorge gerne zuwende, wirtschaftlichen und kulturellen Segen bringen.« Diesen Wunsch sprach Kaiser Franz Joseph beim Festakt aus. In Begleitung des Erzherzogs Eugen fuhr er im Hofzug nach Badgastein, ließ sich unterwegs eingehend über die kühnen Brückenkonstruktionen und Tunnels informieren und zeigte sich über eine ihm zugedachte Aufmerksamkeit besonders erfreut: In der Mitte des 8551 Meter langen Tauerntunnels leuchtete eine aus bunten Glühbirnen gebildete Krone. Mit der neuen Bahn brach für das Gasteinertal

Straubingerplatz mit k. k. Post- und Telegraphenamt in Badgastein. 1900.

Bild linke Seite:
Kaiser Wilhelm I. in Gastein. Spaziergang auf der Böcksteiner- straße. 1874.

37

*Straubingerplatz in
Badgastein mit
Badeschloß. Um 1910.*

auch eine neue Zeit an. Die Besucherzahl des Wildbades stieg schlagartig an, von 8050 Gästen im Jahre 1900 auf 21.500 im Jahre 1909. Eine enorme Bautätigkeit setzte ein, Hotelbauten von Ausmaßen, die man bisher in den Alpen nicht gekannt hatte, schossen wie Pilze in die Höhe. Der aufsehenerregende, 55 Meter hohe Koloß des »Grandhotels de l'Europe« mit zehn Stockwerken kostete mehr als zwei Millio-

nen Kronen. In wenigen Jahren entstand ein »Klein-New York in den Alpen«, wie der deutsche Schriftsteller Erich Landgrebe Badgastein einmal genannt hat. Und der »Österreichische Lloyd« rechnete es sich zur besonderen Ehre an, sein damals modernstes Passagierschiff, das die Route in den Nahen Osten und nach Ägypten befuhr, auf den Namen »Gastein« taufen zu dürfen.

Eröffnung der Südrampe der Tauernbahn am 5. Juni 1909. Begrüßung Kaiser Franz Josephs in Badgastein durch Bürgermeister Karl Straubinger.

39

Bad Gleichenberg

»Es gibt vielleicht keinen zweiten Badeort in Europa, der in Wirklichkeit so ganz anders ist, als man sich denselben vorstellt, bevor man ihn kennenlernt. Auch meine Phantasie hat sich diesen Kurort mit ›Schwerkranken‹ angefüllt gedacht, deren fahles Antlitz bereits eine gewisse Todesahnung verklärt, die schleifend die Laubengänge durchziehen und schwer atmend nach Luft ringen. Aber Gott sei Dank, solche Unglückliche sucht man äußerst selten ... gehustet wird freilich hier ziemlich viel ...« So schreibt ein Berichterstatter der »Triester Zeitung« im Sommer 1877 über seine Eindrücke von Bad Gleichenberg, dessen Mineralquellen – vornehmlich alkalisch-muriatische Säuerlinge – den oststeirischen Kurort zu einem Treffpunkt der Kranken gemacht hatten, die an chronischen Katarrhen, Bronchitis, Asthma und Kreislaufstörungen laborierten.

Was dem Gewährsmann aus Triest wohl auch angenehm aufgefallen sein mag, war die Ruhe und heitere Gelassenheit, mit der die Kranken ihre vorgeschriebenen Behandlungen absolvierten und sich dem recht ungewohnten kurörtlichen Lebensrhythmus anpaßten. Dies war nämlich nach Ansicht der Ärzte eine der unerläßlichen Voraussetzungen für den Erfolg einer Gleichenberger Kur. »Die Städter sollen ihr Stadtleben vergessen und – die Überwindung durch ein paar Tage nicht scheuend – lieber früher aufstehen und zu Tische gehen, um desto zeitlicher ins Bett zu kommen«, heißt es in einer 1847 herausgegebenen Anweisung über die »Lebensweise, Diät und Nachcur der Curgäste«. Und weiter: »Ungestörte, ausgiebige Ruhe ist dem Curgaste unbedingt nothwendig. Stets muß der Geist frei von allen anstrengenden Arbeiten und ernsten Studien sein!

Zu Hause lasse der Curgast alle Sorge und folge mit froher und ruhiger Seele seiner Cur. Aus dem Herzen verbanne er jeden Kummer! Jede Leidenschaft, die die Brust beengt, muß die Cur beeinträchtigen. Selbst die Liebe, die sanfteste Regung unseres Herzens, kann, wenn sie der Brust durch marternde Gefühle, als da sind: Eifersucht, Sehnsucht etc., die nöthige Ruhe raubt oder in die Lockungen der Sinnlichkeit ausartet, eine gefährliche Theilnehmerin der Curzeit werden. Die freie Zeit soll Zerstreuungen, vorzüglich dem Aufenthalte im Freien und der Gesellschaft gewidmet sein. Einige mögen im Schach- oder Kartenspiele, andere am Billard ihr Vergnügen finden ... Nur das Tanzen, besonders das schnelle Walzen, ist dem Brustkranken gänzlich untersagt ...«

Die erste Erwähnung der Gleichenberger Heilquellen findet sich auf einer Landkarte des Herzogtums Steiermark, die der berühmte Geograph und Kartograph der österreichischen Barockzeit, der Tiroler Georg Matthäus Vischer, 1678 gezeichnet hat. Er vermerkte auf der Karte im Gebiet südöstlich von Graz die sogenannte »Sulzleiten« und die »Stradner-Quelle« (die heutige Konstantin-Quelle und den Johannisbrunnen). Hundert Jahre später untersuchten der Radkersburger Distriktsarzt Dr. Hermann von Gleißner und der Leibarzt der Kaiserin Maria Theresia, Heinrich Johann von Crantz, gemeinsam die Gleichenberger »Gesundwässer«, die damals noch gänzlich ungenützt im Wiesengrund versickerten. Das Wasser der neuentdeckten »Klausner Stahlquelle« beschrieb Crantz in seinem 1777 erschienenen ausführlichen Werk »Die Gesundbrunnen der österreichischen Monarchie« als »besonders ermunternd und gleichsam vitriolisch-ange-

Kirche und Franziskanerhospiz in Bad Gleichenberg. Um 1840. Lithographie von J. Haslinger.

nehm, säuerlich, schärfend und im Versuche ›geistig‹«. Eine Trinkkur empfahl er Kranken, die an »geschwächten innerlichen Sinnen und anderen Mattigkeiten« leiden, ebenso bei Skorbut und Wassersucht. Über die »Kraft« der »Sulzleitenquelle« meinte Crantz:

»Ein alkalisches, weiches, seifenartiges, reinigendes, in vielen Krankheiten nützliches Wasser; es könnte wie Selterswasser getrunken werden. Daß dieses Wasser wider die in diesem Lande so gemeinen Kröpfe gute Wirkung haben möchte, wollte ich nicht ohne Grund voraussetzen. Übrigens dienet es den Gliederkrankheiten; und ich zweifle nicht, daß es den von saurem Weine entstehenden Podagraschmerzen und dem Sodbrennen von dem Sauren abhelfen möge.«

Das Ergebnis der Analysen war so ausgezeichnet und erfolgversprechend, daß noch im gleichen Jahre der damalige Schloßherr von Gleichenberg Joseph Graf Trautmansdorff damit begann, das Wasser der »Klausner Stahlquelle« in Tonflaschen abzufüllen und nach Italien zu versenden.

41

Schmuckblatt »Fünfzig Jahre Bad Gleichenberg«, darauf abgebildet das Standbild des Reichsgrafen Matthias Constantin von Wickenburg und zwei Ansichten des Kurortes von 1837 und 1887.

Das Füllgeschäft erwies sich indes nicht so einträglich, wie der hohe Herr gedacht hatte, und wurde deshalb bald wieder eingestellt. Erst 1818 zog die tüchtige Geschäftsfrau Johanna Reybauer aus Marburg an der Drau einen schwunghaften Handel mit Gleichenberger Mineralwasser auf. Sie hatte in der Grazer Zeitung »Der Aufmerksame« einen Artikel über den viel zuwenig beachteten Wert des Gleichenberger Heilwassers gelesen und kurz entschlossen die Quellen gekauft. Um das Wasser auch außerhalb des Steirerlandes bekannt und gewissermaßen salonfähig zu machen, holte sie die behördliche Genehmigung ein, die »Stradner-Quelle« nach dem in der Steiermark so beliebten Erzherzog Johann »Johannisbrunn« benennen zu dürfen. Die Rechnung der klugen Handelsfrau ging glänzend auf: Schon 1820 erreichte der Versand des Johannisbrunnen die für die damalige Zeit respektable Zahl von über 30.000 Flaschen.

Einen für Gleichenberg noch bedeutsameren, ja entscheidenden Schritt nach vorn machte in den dreißiger Jahren des vorigen Jahrhunderts der Grazer Mediziner Dr. Ignaz Werlè, dem es gelang, den Gouverneur der Steiermark, den Reichsgrafen von Wickenburg, für die oststeirischen Heilquellen zu interessieren. Matthias Constantin Capello Reichsgraf von Wickenburg, vormals niederösterreichischer Regierungsrat und Kreishauptmann von Krems, war 1830 als Gubernial-Vizepräsident in die Steiermark gekommen und wurde kurze Zeit später zum Gouverneur des Landes ernannt. Der jugendliche Regierungschef – er war damals erst 33 Jahre alt – stand wegen seiner juristischen Kenntnisse und seiner Tatkraft in der besonderen Gunst des Kaisers Franz I. und des Staatskanzlers

Metternich. Auch in seinem neuen Wirkungsbereich stellte er seine Fähigkeiten unter Beweis. Zahlreiche Straßenneubauten und Brücken gehen auf ihn zurück, die Stadt Graz dankt ihm die Anlage des Glacis und des Stadtparks. Auf einer Inspektionsreise lernte er das Hügelland zwischen dem Raab- und dem Murtal kennen und war von der Lieblichkeit der Landschaft und dem milden, angenehmen Klima des Gleichenberger Gebietes dermaßen begeistert, daß er auf der Stelle den Beschluß faßte, die von Dr. Werlè so sehr gepriesenen Heilquellen der Allgemeinheit zugänglich zu machen und hier einen Kurort entstehen zu lassen. 1834 gründete er den »Gleichenberger- und Johannis-Brunnen-Actienverein«, der die Finanzierung des Projekts übernahm. Die 800 Aktien zu je 100 Gulden waren im Nu vergriffen. Graf Wickenburg wurde zum Präsidenten des Vereins gewählt und widmete fortan einen Großteil seiner Arbeitskraft wie auch bedeutende Geldmittel aus seinem Privatvermögen dem neuen Kurort, dessen Leitung er bis zu seinem Tode 1880 innehatte. Schon in der ersten Generalversammlung im Jänner 1835 beschlossen die Vereinsmitglieder, zu Ehren ihres rührigen Präsidenten die »Sulzleiten-Quelle« in »Konstantin-Quelle« umzubenennen. Sie ist die ergiebigste und kräftigste der Gleichenberger Quellen, und ihr Wasser wird heute noch schlechthin als »das Gleichenberger« bezeichnet.

Als der Aktienverein seine Tätigkeit aufnahm, stand auf dem Gebiet des heutigen Kurortes nur ein einziges, uraltes Haus, das Wirtshaus »Zur Stadt Würzburg«, in welchem die Bauern der Umgebung sonntags nach dem Kirchgang das Mineralwasser zum Wein tranken. An seiner Stelle erbaute der »k. k. Fortifikations- und magistratische Stadtzimmermeister« Christian Ohmeyer 1836 ein Fremdenheim, in welchem Graf Wickenburg und Fürst Carl Liechtenstein, beide mit Familie, als die ersten Gäste Gleichenbergs logierten. 1837 zählte man bereits 119 Kurgäste, die damals allerdings noch mehr schlecht als recht untergebracht waren, da es an komfortablen Quartieren mangelte. Gebadet wurde im »Badhaus«, das sechs Holzwannen hatte, in die das Heilwasser mit der Hand gepumpt werden mußte. Das kleine »Badhaus« wuchs später zu einem riesigen Komplex heran – dem heutigen »Atmungs- und Kreislaufzentrum«. Außer den »Sauerbrunnbädern« gab es noch Seifen-, Malz- und Molkenbäder. (Molke spielte zur damaligen Zeit in

der Medizin eine wichtige Rolle und wurde in Gleichenberg sogar von einem eigens engagierten Appenzeller Molkensieder bereitet.) In der »Schweizerei«, einem recht einfachen Gasthof, waren im Fußboden der Fremdenzimmer des ersten Stockwerkes Löcher zu dem darunter befindlichen Kuhstall gebohrt. Diese Zimmer waren sehr begehrt und auch teurer als die anderen, weil man der Luft eines Kuhstalles eine besondere Heilkraft bei Lungenleiden zuschrieb. Dr. Werlè junior, der die Therapieanwendungen überwachte, machte den Vorschlag, die Sauerbrunnbäder dadurch zu verstärken, »daß man das Mineralwasser in Reservoirs einer teilweisen Verdampfung durch Sonnenstrahlen überlasse«.

Die Besucherzahlen Gleichenbergs stiegen so rapid an, daß die ohnehin sehr rege Bautätigkeit mit dem Gästeandrang kaum Schritt zu halten vermochte. Noch im Laufe des Jahres 1837 entstanden das »Traiteuriegebäude« (das heutige »Parkhotel«) mit einem erstklassig geführten Restaurant, einem »Conversationssaale« und fünfzig Fremdenzimmern sowie die »Brunnenhalle« für Trinkkuren. Es folgten bis 1848 der »Grazerhof«, die Pensionen »Stadt Pest« und »Zürich«, die Hotels »Mailand«, »Venedig« und »Würzburg«, die Villa »Triestina«, das »Brünnerhaus« und der »Berlinerhof«. Schon die Namensgebung der einzelnen Unterkünfte zeigt, daß man sich internationales Publikum erhoffte. Die amtlich festgesetzten Zimmerpreise waren in sechs Klassen eingeteilt. Je nach Lage und Ausstattung zahlte man pro Tag zwischen 16 und 48 Kreuzer, ein »Prachtzimmer mit zwölf Fuß Höhe, elf Quadratklafter Flächenraum« stand allerdings schon in der für damalige Verhältnisse hohen Preislage von einem Gulden.

Die Constantinquelle in Bad Gleichenberg. 1890.

Graf Wickenburg ließ sich auf einer Anhöhe über dem Kurort eine hübsche Biedermeiervilla errichten und machte sie zu seinem ständigen Sommersitz. Mit ganz besonderer Sorgfalt und Liebe wurde der vielbewunderte Kurpark angelegt, der sein Entstehen der Gemahlin des Gouverneurs zu danken hat. Gräfin Emma Wickenburg, geborene Gräfin d'Orsay, galt als eine der schönsten Frauen Europas und war nach einhelliger Meinung der Wiener und Grazer Gesellschaft nicht nur eine ungemein gebildete, sondern auch eine überaus liebenswürdige und naturliebende Frau. Als fast perfekte Botanikerin ließ sie auf dem 15 Hektar großen Parkareal seltene Bäume und Sträucher aus Übersee anpflanzen, einen Bananenbaum aus den Tropen, Essigbäume aus Nordamerika, Götterbäume aus dem fernen China und eine »Wellingtonia«, einen kalifornischen Mammutbaum. Wegen seiner Platanenpflanzungen mit neapolitanischen Gärten verglichen, machte der Park auf die Teilnehmer des Grazer Deutschen Gärtnertages von 1847 bei ihrem Besuche einen solchen Eindruck, daß

45

Gleichenberg von der Ostseite.
Um 1850.
Lithographie von J. Passini.

sie die Umbenennung des Kurortes in »Emmabad« ernstlich vorschlugen.

Der große Freundeskreis des Grafen Wikkenburg und seine weitläufigen Beziehungen beruflicher und gesellschaftlicher Natur – er war von 1861 bis 1863 auch österreichischer Handelsminister und erhielt für seine Tätigkeit als Präsident der Wiener Stadterweiterungskommission das Ehrenbürgerrecht der Reichshauptstadt – brachten es mit sich, daß der Kurort Bad Gleichenberg bald nach seiner Gründung von zahlreichen hoch- und höchstrangigen Persönlichkeiten besucht wurde. 1842 verzeichnen die Kurlisten die Großfürstinnen Helene und Katharina Michaelovna von Rußland als Gäste, ein Jahr später die

nachmalige Königin Carola von Sachsen mit ihrer Mutter, der Prinzessin Luise von Wasa. 1846 konnten Graf und Gräfin Wickenburg den sechzehnjährigen Erzherzog Franz Joseph begrüßen und 1847 das Kaiserpaar Ferdinand I. und Maria Anna, dem zu Ehren ein großartiges Feuerwerk abgebrannt wurde. 1849 kam von Schloß Frohsdorf in Niederösterreich Maria Thérèse von Angoulême, »Madame Royale«, die Tochter Maria Antoinettes und König Ludwigs XVI. von Frankreich. Die in Enttäuschungen und Leid hart gewordene Emigrantin trennte sich auch während ihrer Gleichenberger Kur nicht von einer Reliquie, die sie ihr ganzes Leben lang mit sich führte – dem Hemd, das ihr unglück-

licher Vater bei seiner Hinrichtung am 21. Jänner 1793 getragen hat.

Viele Jahre, zuletzt 1889, gebrauchte König Milan von Serbien die Gleichenberger Kur. Er fühlte sich hier so wohl, daß er in der Umgebung sogar Jagden pachtete. Ein anderer interessanter Kurgast war der polnische Graf Koscielski, zu seiner Zeit besser bekannt unter dem Namen Sefer Pascha. Er war der Reorganisator der ägyptischen Armee und der Vertraute des Khediven Ismail Pascha. Nach seiner Rückkehr in die Heimat wählte er das Schloß Bertholdstein bei Fehring zum Alterssitz. Im Lipizzaner-Viererzug kam der elegante alte Herr zur Badeanstalt, zu den Militärkonzerten und in das kleine intime

Provinztheater, an dem der junge Alexander Girardi und der bekannte Anzengruberdarsteller Ludwig Martinelli auftraten. In dem heißen, spannungsgeladenen Sommer 1914 wurde der Chef des serbischen Generalstabes, der Woiwode Radomir Putnik, während seiner Gleichenberger Kur von der Mobilmachung überrascht. Aus Bad Ischl kam die telegraphische Anweisung Kaiser Franz Josephs, dem gegnerischen Heerführer unverzüglich eine Extrakutsche zur nächsten Bahnstation und von dort einen Salonwagen der ungarischen Staatsbahn zur Rückkehr in die Heimat zur Verfügung zu stellen – ein Kavaliersakt, der zugleich für Bad Gleichenberg das Ende einer Epoche markierte ...

Fasching in Bad Gleichenberg 1910. Im Faschingszug die Attrappe eines Eisenbahnzuges als Hinweis auf den fehlenden Anschluß des Kurortes an das Bahnnetz. Aus: Das Interessante Blatt.

47

Rohitsch-Sauerbrunn

»Der Sauerbrunnen in der Nähe des Marktes Rohitsch ist im Jahre 1645 während einer Jagd von dem Grafen Niklas Zrinyi entdeckt worden, der nicht wie sein Urgroßvater gleichen Namens, der Held von Szigeth, durch seinen hartnäckigen Widerstand gegen die Türken, sondern durch ein hartnäckiges Milz- und Leberleiden berühmt geworden ist, von dem er durch den dreiwöchentlichen Gebrauch des Rohitscher Brunnens vollständig befreit wurde. Seitdem ist das Wasser hinter den Anforderungen der Zeit nicht zurückgeblieben, und es können jetzt damit alle Leiden, die nur einigermaßen distinguiert sind, von Grund auf geheilt werden. Als geradezu vernichtend wird aber das Auftreten des bewährten Säuerlings gegen anmaßende Bäuche geschildert, die sich in ungebührlicher Weise vorzudrängen suchen. Es ist dies das Verdienst des schwefelsauren Natrons, welches das Rohitscher Wasser neben anderen liebenswürdigen Bestandteilen enthält und das sogar noch in Fällen galoppierender Fettsucht Wunder gewirkt haben soll.« Das schrieb der »Wiener Spaziergänger« Daniel Spitzer in einem Reisebrief vom 26. Juli 1847 aus Rohitsch-Sauerbrunn, das man seinerzeit oft auch das »steirische Karlsbad« nannte und das seit 1918 Rogaška Slatina heißt.

Der erste, wohl nicht so sarkastische, aber dafür wissenschaftlich fundierte Bericht über das heilsame Wasser von Rohitsch stammt von Dr. Paul von Sorbait, dem Leibarzt der Kaiserin Eleonore (der Gattin Kaiser Leopolds I.), der die Quelle 1673 besuchte, dortselbst von seinen klimakterischen Beschwerden geheilt wurde und darüber in dem Buch »Praxis medica« geschrieben hat. Die ehrenvolle Anerkennung der Heilkraft des Rohitscher Mineralwassers seitens eines in der kaiserlichen Residenz so hochgeachteten Arztes – Sorbait war nicht nur eine medizinische Kapazität ersten Ranges, sondern er gehörte auch wegen seiner Tapferkeit während der Türkenbelagerung Wiens 1683 zu den Berühmtheiten seiner Zeit – hatte zur Folge, daß man, wie der Marburger Arzt und Physiker Johann Benedikt Gründel schreibt, »dieses heylsame saure Wasser nicht allein in die Kayserlichen Erbländer, sondern auch zu frembden Nationen, als in Wälschland, Pohlen, ins Heilige Römische Reich und mehr entlegene Oerther gantz häuffig führet, dadurch unzählbar vil von den gefährlichsten Zuständen befreyet werden«. Der genannte Doktor Gründel

Dr. Paul von Sorbait: Verfasser des ersten medizinischen Berichtes über die Rohitscher Heilquelle. Das Bildnis zeigt ihn als Rektor der Wiener Universität.

verdient hier nach Sorbait an zweiter Stelle genannt zu werden. Auch er lieferte eine ausführliche Beschreibung des Sauerbrunnens in dem Buch »Roitschocrene«, welches, in lateinischen Versen verfaßt, 1685 erschienen ist und in seiner deutschen Übersetzung wie folgt beginnt:

Nicht weit vom heiligen Creutz ein edler Brunn entspringet,
Der dem erkrankten Leib die Gsundheit bringet,
Sein Krafft und Tugend ist, dass er die Gall purgirt
Und andern Unrath auch gantz lind vom Leibe führt.
Wenn in die Glider will der scharpffe Schleim marchiren
Und alldort mit Gewalt die Händ und Füss torquiren,
So wird mit diesem Brunn verhindert solcher Fluss,
Dass er durch andern Weeg von dannen weichen muss.
Wann Miltz und Leber ist verstopfft oder entzündet,
Wann man die Colicam in größter Qual empfindet,
Wann im erhitzten Haupt nichts anders ist als Schmerz,
Wann von den Fiebern wird gemartert unser Herz,
Wann Sand und Griess die Nieren und Blatter wollen plagen
Und sein nothwendigst Ambt vergessen thut der Magen,
So zeiget dieser Brunn sein sonderbare Krafft.
Er ist wahrhafftig ja ein Götter-Trank zu nennen,
Wie solches immerdar vil Tausend thun bekennen,
Er ist ein Schatz im Land, der Steyermarck ein Zier,
Ein Kleinod der Natur; drum trinck und solchs probir.

In der Nähe des »edlen Brunnens« befanden sich zur Zeit, als das erwähnte Buch geschrieben wurde, nur einige Holzhütten für Personen, die das Wasser unmittelbar an der Quelle zu trinken wünschten. Die Mehrzahl der Fremden blieb in Marburg oder Pettau und ließ sich dorthin täglich das Mineralwasser in Tonkrügen bringen. Das Abfüllen besorgte der Pfarrer der Kirche »Vom Heiligen Kreuz«, weil sich sonst niemand für diese Arbeit fand. Als die Bauern der Umgebung jedoch bemerkten, daß sich an dem Füllgeschäft gut verdienen ließ, entbrannte um die Quelle ein heftiger Streit, der erst beendet wurde, als über Empfehlung des Doktor Sorbait

Kaiser Leopold I. dem Wiener Gastwirt Ambrosius Franck das ausschließliche Recht zur Abfüllung des Rohitscher Wassers in Flaschen und deren Versendung erteilte. Wider Erwarten florierte das Geschäft nicht, ja sogar das Gegenteil war der Fall: Verschiedene Unzukömmlichkeiten im Versand, oftmalige Verfälschung des Mineralwassers mit gewöhnlichem Brunnenwasser und eine schamlose Preistreiberei, die den Flaschenpreis in Wien bis zu einem Silbergulden hinauftrieb, ließen den Ruf und den Absatz des Sauerwassers beträchtlich sinken.

1721 verlieh Kaiser Karl VI. dem Gremium der Wiener Apotheker das »Privilegium privatum« zur alleinigen Einfuhr und zum Vertrieb des Rohitscher Wassers. Die Herren Apotheker verpflichteten sich ihrerseits, auf eine ordentliche Geschäftsgebarung zu achten, jede Flasche »Rohitscher« in Wien nicht höher als um 36 Kreuzer zu verkaufen, die Füllung »durch

Empfang des Erzherzogs Johann in Rohitsch-Sauerbrunn 1836. Wandgemälde im Kurhaus.

sein, denn schon in den ersten drei Jahren wurden nicht weniger als gezählte 19.906 Flaschen in Wien verkauft. Die lobenswerteste Tat der Wiener Pharmazeuten bestand aber darin, daß sie 1730 die Quelle zum ersten Male richtig fassen ließen und den Brunnen mit einer Steinumfriedung und einem schützenden Dach versahen. Zur Erinnerung daran stellten sie neben dem »Brunnentempel« eine Statue des heiligen Johannes von Nepomuk auf, die heute noch, allerdings nicht mehr an ihrem ursprünglichen Platz, sondern hinter dem modernen Kurmittelhaus am Fuße des Ferdinandshügels, zu sehen ist. Die Kaiserin Maria Theresia bestätigte den Apothekern das Füll- und Verschleiß-Privilegium, doch ihr Sohn, Josef II., hob es – wie so vieles andere Althergebrachte auch – 1782 aus nicht mehr feststellbaren Gründen auf. Über das weitere Schicksal der Rohitscher Quelle und das Aufblühen des Kurortes Rohitsch-Sauerbrunn wollen wir den Ausführungen des ehemaligen Badearztes Dr. Rudolf Puff folgen: »Eine neue glänzende Ära für den Sauerbrunnen begann, als die für alles Gute so hochherzigen Herren Stände der Steiermark ihn unter ihren unmittelbaren Schutz nahmen. Sie waren es, welche unter der umsichtigen Leitung des hochverdienten Landeshauptmannes Ferdinand Graf Attems und des Herrn Abtes Gotthard Kugelmayer von Admont am Schlusse des vorigen Jahrhunderts die moorichten Pfützen austrocknen, den Waldbach dämmen, die benachbarten Gründe ankaufen, die ekligen Hütten niederreißen und die ersten soliden Gebäude errichten ließen. In ihrem Auftrage untersuchte der Apotheker Sueß in Gratz (1801) die Bestandtheile der Haupt- und einiger Nebenquellen . . . sie errichteten eine voll-

ein von ihnen am Brunnen aufgestelltes Individuum zu überwachen« und »den Sauerbrunnen nur bei hellem Wetter zu schöpfen«. Der Mediziner Dr. Anton Gründel aus Pettau – »dessen Herr Vater über diesen Sauerbrunn ein schönes Tractatl ans Tagslicht hat kommen lassen« – wurde speziell mit dem strengen Auftrag angestellt, die nach Wien abgehenden Flaschensendungen noch einmal separat zu kontrollieren. Das Bedürfnis nach diesem Säuerling scheint in jener Zeit in der Residenzstadt nicht gering gewesen zu

ständige Bade- und Trinkanstalt und sie legten die kostbare 1822 vollendete Trinkwasserleitung von Janina an, welche den Badeort mit reinem Trinkwasser versieht. Die Versendung der Flaschen betrug schon im Jahre 1839 nicht weniger als 400.000 und würde noch leicht um 80.000 bis 100.000 mehr betragen, wenn der Quell nicht in Folge der übermäßigen Trockenheit etwas von seinem sonstigen Reichthume nachgelassen hätte.«

Ebenso wie der Mineralwasserversand florierte auch der Kurort selbst. Von Jahr zu Jahr »fanden sich immer mehr Hülfesuchende bei dem heilbringenden Borne ein«. Im Sommer 1810 besuchte Erzherzog Johann den Rohitscher Brunnen. In seiner Begleitung befand sich sein Kammermaler Karl Ruß, der zu dem Künstlerkreis gehörte, welcher im Auftrage des Erzherzogs eine systematische Landschaftsaufnahme der Steiermark durchführte.

Johann befand sich zu dieser Zeit in einer schweren seelischen und körperlichen Krise. Die Ereignisse der letzten Monate hatten ihm arg zugesetzt. Für die verlorene

Entscheidungsschlacht gegen Napoleon bei Wagram am 5. und 6. Juli 1809 hatte der Wiener Hof ihn verantwortlich gemacht, weil er (übrigens völlig schuldlos) mit seiner Armee zu spät zur Hauptarmee seines Bruders, des Erzherzogs Karl, gestoßen war. Im Frieden von Schönbrunn, der die österreichische Niederlage besiegelte, ging sein geliebtes Tirol für Österreich verloren. Das heldenhaft kämpfende Land mußte im Stich gelassen werden, Andreas Hofer wurde gefangengenommen und am 20. Februar 1810 in Mantua erschossen. Das alles lastete schwer auf dem Gemüt des Prinzen. In das Gästebuch der Kuranstalt schrieb er: »Nach zurückgelegten kummervollen Zeiten, wo ich die Welt und ihre Tücke kennenlernte, geschwächt am Körper durch mancherlei Leiden, abgestumpft an Geist, fand ich in diesem stillen Thale Ruhe und Gesundheit wieder. Die gute Luft, der heilsame Brunn gaben meinem Körper neues Leben.« Auch seinen Vertrauten im Widerstand gegen Napoleon, dem Historiker, Landwehroffizier und Hofrat Joseph Freiherrn von Hormayr, ließ er wissen, wie wohltuend für ihn die Kur war: »Hier in dieser Einsamkeit ist wohl die einzige Möglichkeit, das Gemüth, welches bei mir am meisten litt, wieder etwas zu erheitern; Vergessenheit des Vergangenen und die gänzliche Entfernung aller Gegenstände, die nur widrige Erinnerungen erwecken können, mögen wohl zu einer guten Kur beitragen.«

Im Sommer 1811 traf Erzherzog Johann mit dem Exkönig von Holland Louis Bonaparte (dem dritten Bruder Napoleons I. und Vater Napoleons III.) zusammen, der ebenfalls die Rohitscher Kur gebrauchte. Louis hatte nach vierjähriger Regierung wegen Zerwürfnissen mit Na-

poleon abgedankt und sich nach Österreich zurückgezogen. »Der Exkönig verhehlte in Gesprächen nicht, daß er mit seinem berühmten Bruder in vielem nicht übereinstimme und daß er den Frieden wünsche und froh sei, in Österreich Schutz gefunden zu haben. Als Erzherzog Johann den Exkönig besuchte, fand er ihn bei der Lektüre der Werke von Rousseau, La Fontaine, Homer und Plutarch. Der Erzherzog ließ sich in seinen Gesprächen nicht auf Politik ein und war stets sehr vorsichtig«, berichtete Johanns Generaladjutant Graf Peter Prokop Morzin.

An die Rohitscher Kuraufenthalte des beliebten Habsburgers erinnerte – zumindest solange die Südsteiermark zu Österreich gehörte – der sogenannte »Erzherzogwald«. Der Prinz soll hier, der Überlieferung nach, während eines ländlichen Sommerfestes den ersten Spatenstich zum Bau eines Wanderweges gemacht haben, den später ausschließlich Kurgäste, die dem guten Beispiel gefolgt waren, vollendeten. Um 1830 war Rohitsch-Sauerbrunn ein vornehmer Kurort geworden – die Besucher waren Aristokraten, vornehmlich aus Ungarn und Kroatien, reiche Triestiner

Panorama des Kurortes Rohitsch-Sauerbrunn. Um 1900.

Bild linke Seite: Promenade vor dem »Brunnentempel« in Rohitsch-Sauerbrunn. Um 1840.

53

Musikpavillon und Kurhaus in
Rohitsch-Sauerbrunn. Um 1910.

Bild rechte Seite:
Plakat. Um 1910.

und Fiumeser Kaufleute und höhere Beamte aus Graz, die sich die Fahrt dorthin leisten konnten. Bekannte Namen wie Auersperg, Christallnig, Draskovich, Sándor, Coronini, Schönborn und Nádásdy finden sich in den Kurlisten, und eine Gräfin Antonia Thurn-Valsassina schrieb ins Gästebuch:

Dem guten Doktor Frölich
Überlass ich meinen Mann,
Bis er ihn gesund und fröhlich
Mir wieder übergeben kann.

Dieser Doktor Frölich war ein ungemein geschätzter »Brunnenarzt«, der durch volle 32 Jahre leber- und gallenleidende Patienten betreut hat. Er und sein Nachfolger, Dr. Joseph Sock, bewiesen neben ihrem ärztlichen Geschick auch ein hervorragendes unternehmerisches Talent. Unter ihrer Leitung wurden die großen imposanten

Bauwerke und Luxushotels errichtet, die Rohitsch-Sauerbrunn auch den gebührenden eleganten Rahmen schufen. 1842/43 baute der Grazer Architekt Joseph Haßlinger die »Wandelbahn«, einen 80 Meter langen und 10 Meter breiten, an der Rückseite geschlossenen Säulengang mit Ruheplätzen für die Kurgäste, einigen »wohl meublierten Salons« und »Buden für Galanteristen und Zuckerbäcker«. (Bedauerlicherweise verschwand 1982 das hübsche, wenngleich nun schon recht baufällig gewordene biedermeierliche Bauwerk, das freilich vor der riesenhaften Fassade des modernen Hotelgiganten »Donat« gar nicht mehr so richtig zur Geltung gekommen war.) Der Errichtung der Wandelbahn folgte das von Kaiser Ferdinand I. 1847 eröffnete »Kurheim«, ein wahrer Feenpalast inmitten der steirischen Landschaft, mit edelgeschwungenen Prunkstiegen und reichdekorierten Empfangsräumen, mit Spiel- und Konversationszimmern »im byzantinischen Geschmacke« und einer Cafeteria. Mittelpunkt war der 1000 Personen fassende, in Gold, Weiß und Blau gehaltene Festsaal, in dem Franz Liszt vor einem erlesenen Publikum konzertierte. Die Kronleuchter des Saales allein kosteten 38.000 Gulden. Zwei Kolossalfiguren für die Eingangshalle, Äskulap und Hygieia darstellend, lieferte der Bildhauer Johann Meixner, der in Wien auch die Statuen für den Danubiusbrunnen an der Albrechtsrampe und das Maximiliandenkmal am Hitzinger Platz geschaffen hat.

Etwa zur gleichen Zeit wie das Kurheim entstand das »Wiener Haus«, das jetzt »Stroßmayer Dom« heißt, zum Gedenken an seinen berühmten Gast, den hochgebildeten und weltgewandten Agramer Bischof Joseph Georg Stroßmayer, der wegen seines beharrlichen Eintretens für die Rechte der Südslawen der »größte Sohn Kroatiens« genannt wurde. Das großartige Kurheim brannte im August 1910 bis auf die Mauern nieder. Noch im gleichen Jahr wurde mit dem Wiederaufbau begonnen, und am 26. Juli 1911 konnte im neuerstandenen Festsaal bereits wieder das traditionelle »Annenfest« abgehalten werden, das durch viele Jahrzehnte den Höhepunkt jeder Sommersaison bildete.

Heute veranstaltet die Kurkommission im »Zdraviliski Dom«, wie die Jugoslawen das Haus nennen, Opern- und Operettenkonzerte und Folkloreabende. Mit seiner neoklassizistischen Fassade und dem steirischen Panther über dem Säulenportikus beherrscht das Haus heute noch so wie ehedem die Gegend um den Kurpark, und es scheint, als wäre hier das Rad der Geschichte ein wenig stehengeblieben . . .

Karlsbad

Ein gänzlich in Vergessenheit geratener deutscher Autor namens Karl Böttcher hat in seinen ironischen »Bildern aus dem Salonleben« eine ebenso köstliche wie treffende Typisierung der Leidenden und Heilungsuchenden geboten, die in die Kurorte des »böhmischen Bäderdreiecks« (Karlsbad, Marienbad, Franzensbad) reisen. »Von den Passagieren, welche sich hier auf dem Bahnhof zu München kurz vor Abgang des Egerer Courierzuges einstellen«, schreibt er, »reist ein guter Theil nach Karlsbad, ein anderer in die benachbarten Kurorte. Bei einiger Beobachtung kann man geradezu mit astronomischer Genauigkeit angeben, in welches der drei böhmischen Bäder die guten Leute von ihren Ärzten expediert worden sind.« Zum Beispiel:

».. . ein Fiaker kommt im vollen Galopp dahergefahren. Man steigt aus, zankt mit dem Kutscher wegen des Fahrgeldes, zankt mit dem Träger, der den Koffer etwas unsanft auf den Boden niedergesetzt hat, zankt mit dem Kassierer, der auf eine größere Note etwas Silbergeld zurückgibt, zieht alle fünf Minuten zehnmal die Uhr, schüttelt über den schwerfälligen Gang der Bahnzeit höhnisch den Kopf, rennt mit dem Ingrimm eines bengalischen Tigers im Wartesaal umher, fragt nach dem Beschwerdebuch, weigert sich wüthend, ein Coupé zu besteigen, wo ein kleines reizendes Kind untergebracht ist, zankt mit dem Schaffner, weil er die Fahrkarte zu lange prüft oder die Thüre von der Windseite her öffnet, zankt mit den Mitreisenden, die ihre Füße zu weit ausstrecken, und reist natürlich nach – Karlsbad . . .«

Damit war dargetan, daß die heißen Quellen von Karlsbad vornehmlich das Reiseziel jener Bedauernswerten waren und sind, welche mit einem Gallen-, Leber- oder Magenleiden behaftet sind, mit Krankheiten also, die sich bekanntlich auch auf das Gemüt schlagen.

Seinen Namen hat der Kurort, der sich heute tschechisch Karlovy Vary nennt, von dem römischen Kaiser und böhmischen König Karl IV. aus dem Hause Luxemburg, der der Sage nach den Sprudel bei einer Hetzjagd auf einen Hirschen entdeckt haben soll. Dieser hochgebildete Herrscher, der die damalige Welt mit großartigen Plänen und Gründungen überraschte (er gründete in Prag die erste deutsche Universität und ließ die Burg Karlstein als Schatzkammer für die Reichskleinodien erbauen), zeigte großes Interesse an den heißen Quellen, zumal er auf seinen ausgedehnten Reisen durch Deutschland, Frankreich und Italien die Benützung alter römischer Thermalquellen kennengelernt hatte. Er baute ein Jagdschlößchen an jenem Ort, wo heute der massive Karlsbader Schloßturm aus dem 17. Jahrhundert steht, und legte darum herum eine Siedlung an, der er 1370 das Stadtrecht verlieh. Dreimal kam er mit großem Gefolge in die »Sprudelstadt« und hielt dort glanzvoll hof. Auf diese Weise sorgte er dafür, daß sich der Ruf der wundertätigen Glaubersalzquellen im ganzen Reich verbreitete.

Die ersten Kurgäste, die sich am Sprudel einfanden, waren Reichsfürsten und Hochadelige. In den alten Gästebüchern der Stadt Eger sind sie vollständig verzeichnet, denn im 15. Jahrhundert huldigte man in dieser Stadt dem löblichen Brauch, angesehene Reisende, die in das »Warmpad« unterwegs waren, mit Met zu bewirten. Da findet man die Markgrafen von Kulmbach, die mit riesigem Troß nach »Kayser Carolsbadt« zogen, die Bischöfe von Agram und

Regensburg, den Markgrafen von Bayreuth und den Böhmenkönig Georg von Podiebrad. Andere Gästelisten nennen den Markgrafen Johann von Brandenburg, den Kurfürsten August von Sachsen, die Herzöge von Mecklenburg und Pommern sowie italienische und polnische Fürstlichkeiten. 1571 und 1574 traf Philippine Welser, die Gemahlin Erzherzog Ferdinands von Tirol, zur Kur ein. Die schöne Augsburger Patriziertochter, die wegen ihrer Kochkünste bekannt war, galt als erstaunlich trinkfest. Der Historie nach war sie so zart, daß man den Rotwein durch ihre Kehle rinnen sah, gleichwohl sie imstande gewesen sein soll, einen Zweiliterhumpen auf einen Zug zu leeren. Nun litt sie an Gallensteinen. Unter Aufsicht ihres Leibarztes Dr. Georg Handsch begann sie die Kur mit einem starken Abführmittel, »trank dann durch neun Tage Sprudel, beginnend mit einem Seidel und bis auf acht Seidel täglich ansteigend«. Dann folgte eine 23 Tage dauernde »Hautfreßkur«, bei der vormittags und nachmittags gebadet werden mußte, »anfänglich nur eine Stunde lang, dann bis auf sechs Stunden steigend«. Beschwerdefrei konnte Philippine wieder heimwärts reisen.

Drei Ärzten verdankt Karlsbad seinen Aufstieg vom Fürstenbad zum Weltkurort. Da ist zunächst der 1488 in dem Städtchen

Das Etablissement Pupp in Karlsbad. Um 1910. Aquarell von Wilhelm Gause.

Elbogen geborene Dr. Wenzel Payer, Leibarzt des Grafen Stephan Schlick, zu nennen, der in Leipzig studierte und während einer Italienreise die Heilanwendungen warmer Quellen kennengelernt hat. Er war der erste Arzt, der sich ausschließlich für Trinkkuren mit Karlsbader Sprudel aussprach und Badekuren als wirkungslos ablehnte. Erwähnung verdient weiters der Sachse Dr. Gottlob Springsfeld, der im Jahre 1749 die ersten genauen Temperaturmessungen der Heilwässer vornahm und für einen streng individuellen Kurgebrauch eintrat. Er schrieb: »Die Kur ist nach medizinischen Gründen einzurichten. Ein vernünftiger Medicus muß wissen,

warum er heute zu trinken aufhören läßt und morgen ein abführendes Mittel verordnet, warum er die Trinkkur verlängert und die Badekur verkürzt.« Eine Karlsbader Kur ohne Zuziehung eines tüchtigen Badearztes lehnte er grundsätzlich ab. Zum berühmtesten Brunnenarzt aber wurde Dr. David Becher, gebürtiger Karlsbader, ein hervorragender Arzt und genialer Naturwissenschaftler. Er nahm 1770 die chemische Analyse der Quellen vor, untersuchte 1787 auch den Schloßbrunnen, dessen Wasser er speziell für Trinkkuren empfahl, weil er die meiste »fixe Luft« (Kohlensäure) enthalte. Vor allem beobachtete er sehr genau die Wirkung der Karlsbader Wässer

59

Postkarte aus Karlsbad. Café Schmalwieser in der Sprudelgasse.

Der Aufschwung Karlsbads zum weltbekannten, auch der Allgemeinheit und nicht nur dem höchsten Adel zugänglichen Gesundbrunnen war nicht mehr aufzuhalten. Waren im Jahre 1756 noch 247 »Partheien« in der Stadt gemeldet, waren es zu Beginn des 19. Jahrhunderts bereits über tausend. Einen Eindruck von dem bunten Kurleben in dieser Zeit vermittelt der Bericht eines nicht näher bekannten Chronisten: »Die Eintheilung eines Tages sei hier in Kürze gegeben: die frühe Morgenstunde weckt uns aus dem Schlafe, es sei spätestens die fünfte. Nach fünf Uhr wallen wir zu den Säulengängen der Brunnen, bringen zuerst dem Könige derselben, dem Sprudel, unsern Gruß dar und wandeln dann zu dem belebteren Neubrunnen. Dieser ist, so zu sagen, ein Salon der großen Welt, ein schönes Bild des großen Lebens der höchsten und höheren Stände, in dem Zauber einer ernsten und schönen Natur. Der Rauch des warmen Wassers steigt uns nicht unangenehm entgegen, die Morgensonne vergoldet ihn wie einen Opferrauch, den der Dank der Genesenden guten Göttern weihte. Wir steigen die bedeckte Wandelbahn hinan, und finden da eine Gesellschaft vereint, wie man sie wohl nicht leicht wieder findet. Nationen und Stände sind hier vereinigt; man sieht den Amerikaner aus den südlichen und nördlichen Zonen dieses Welttheils, man sieht hier den ernsten Briten, dem seine Millionen nicht den Sorgenstein des Spleens vom Herzen wälzen konnten, zum erstenmal im heiteren Lächeln, denn schon fühlt er sich leichter, schon auf dem Wege der Genesung. Hier wandelt der feurige Franzose neben dem gravitätischen Spanier, der Pole mit dem Russen, der joviale Oesterreicher oder der gemüthliche Norddeutsche mit dem Italie-

an seinen Patienten und verordnete als erster Arzt das Trinken des Heilwassers direkt an der heißen Fontäne – nicht mehr so wie bis dahin daheim im Quartier, wohin das Wasser von Dienern in Tonflaschen getragen wurde. Der notwendigerweise damit verbundene längere Aufenthalt der Patienten am Brunnen führte nach und nach zur Errichtung gedeckter Trinkhallen und Wandelbahnen, den sogenannten »Colonnaden«, wo die Gäste Schutz vor Regen und Wind fanden. Die Sprudelcolonnade »mit einem Holztempelchen und sechs Säulen« und die Mühlbrunnencolonnade waren die ersten, die gebaut wurden. Nicht zu vergessen sind Bechers Bemühungen, den Gästen das Leben in Karlsbad so angenehm und unterhaltsam wie nur möglich zu machen: Ihm verdankt die Sprudelstadt das erste Theater, das 1787/88 errichtet und am 22. Juli 1788 mit der Oper »Die Hochzeit des Figaro« von Mozart eröffnet worden ist.

ner. Hier wandeln Fürsten und ihre Minister, hier der Adel, dem sein Stammbaum ein Jahrtausend gab, so wie der des Verdienstes; hier die Großmächte des Goldes neben denen der Wissenschaften, hier Beamte, Schriftsteller, Landwirthe, Kaufleute aller Glaubensbekenntnisse, Offiziere und ehrsame Bürger, Geistliche und Aerzte, und damit dem Bilde sein Zauber nicht fehle, Damen in dem Adel der Geburt und der Schönheit, des Geistes und des Herzens. Hier blühen die holden Blumen des Nordens in der Frische ihrer Jugend, die zarte Tochter leitet wie ein Genius die kränkelnde Mutter, eine edle Matrone, und der in muthiger Jugendkraft aufblühende Sohn begleitet hier den Vater, der der Weltgeschichte durch That und Walten entgegen reift. Im bunten Gewühle, im Gefühle gegenseitiger Achtung und Anstandes bewegt sich auf diesen Räumen unter dem Zauber der Töne Alt und Jung, Unbemittelt und Reich, hier begrüßen sich alte Freunde, hier schließen sich neue Bekanntschaften, hier finden sich Herzen, die oft für ein Leben sich vereinen.«

Johann Wolfgang von Goethe hat zwischen 1785 und 1823 Böhmen siebzehnmal besucht, davon dreizehnmal Karlsbad. Was zog ihn hierher, was suchte er hier? Zunächst die Besserung seiner angegriffenen Gesundheit, da er schon in jungen Jahren an Magenbeschwerden, Nierenkoliken und Gicht litt. Aber auch die Geselligkeit der noblen Welt, ein wenig politische Information, naturwissenschaftliche Studien und ein paar amouröse Abenteuer, für die das Kurleben schönste Gelegenheit bot. Schon die erste Kur erfüllte alle seine Erwartungen: »Mein Gemüth ist viel freyer, ich kann mehr thun und habe neben meiner Arbeit viel gelesen.« Dem befreundeten Wilhelm von Humboldt gesteht er später einmal: »Karlsbad, Weimar und Rom sind die einzigen Orte, wo ich auf Dauer leben möchte.« Der berühmte Kurgast stieg im »Grünen Papagei«, im »Weißen Hasen«, bei den »Drei Mohren« und zuletzt im »Haus Strauß« ab. Bei seiner Ankunft wurde er stets, wie alle Gäste von Rang, vom Stadttürmer mit Trompetenschall begrüßt. Auch beim Quartier hieß man ihn mit einem Ständchen willkommen. Die »Joyeuse Entrée« mußte am nächsten Tag durch eine Spende honoriert werden. »Den musici vors plassen am Sprudel 1 Fl., dem Harfenisten 20 kr.«, notierte er gewissenhaft in seinem Ausgabenbuch. Dann ließ Herr von Goethe handgeschriebene Visitenkarten an all diejenigen Persönlichkeiten verteilen, die er in den nächsten Tagen zu treffen wünschte: »Wie konveniert Ihnen das Bad?« Zur »Vieruhrpromenade« fand er sich regelmäßig auf der »Alten Wiese«, der elegantesten

Postkarte aus Karlsbad.

61

Kammacher, Porzelain-, Gewürz- und Spielwaarenhändler, Riemer usw., so wie in den Wiesenhäusern selbst zur ebenen Erde Galanteriewaarenhändler, Goldarbeiter, Putzmacherinnen aus Wien und Prag, Uhrmacher, Zinngießer, Petschierstecher, Bilderhändler, Nadler, Buchhändler usw. mit ihren Waaren oder Geschicklichkeiten jedem zu Diensten sind. Hier ist nun zur Curzeit ein immerwährendes Gewimmel von Menschen. Alles was elegant ist, oder seyn will, sucht hier zu wohnen, natürlich ist es daher, daß hier die Miethzinse der Quartiere in Carlsbad am theuersten sind . . .«

Als im Juni 1810 Maria Ludovica aus dem Hause Modena-Este, die dritte Gemahlin Kaiser Franz' I., in Karlsbad zur Kur eintraf, widmete Goethe ihr im Namen der Bürgerschaft ein Begrüßungsgedicht, das mit folgenden Versen begann:

Zu des einzigen Tages Feste
Schmückt Euch alle, windet Kränze!
Daß für Heimische, für Gäste
Herrlicher das Tal erglänze,
Dem ein neuer Frühling weht.
Väter, Mütter, Töchter, Söhne,
Auf! Ein frohes Lied ertöne,
Alles um Euch her verschöne
Den Empfang der Majestät!

Noch drei weitere Gedichte eignete er in diesem Sommer der von ihm schwärmerisch verehrten jungen Monarchin zu und ließ sie auf eigene Kosten drucken: »Der Kaiserin Becher«, »Der Kaiserin Platz« und »Der Kaiserin Abschied«. Maria Ludovica revanchierte sich mit einer kostbaren Dose, die ihren Namenszug in Brillanten trug.

Das Gedicht »Der Kaiserin Platz« entstand, als ein besonders reizvolles Ruheplätzchen am linken Tepl-Ufer nach der Monarchin benannt wurde. Ganz in der

und belebtesten Geschäftsstraße Karlsbads, ein, die der Chronist Franz Sartori wie folgt beschreibt: »Rechts stehen schöne, solide, drey Etagen hohe Häuser, an denen ein zwey Ellen breites Pflaster für Fußgeher hinläuft, an dieses reihet sich die breite Fahrstraße mit Sand angeschüttet, und dann kömmt das Ufer der Tepl, mit Kastanienbäumen besetzt. Unter und hinter diesen stehen viele Boutiken, worinnen Glashändler, Manns- und Frauenkleidermacher, Schuhmacher, Haarkräusler, Schießgewehrmacher, Tischler, Messerschmiede, Klemptner, Musikinstrumentenmacher, Hutmacher, Buchbinder,

Nähe davon befand sich der »Böhmische Saal«, Schauplatz glanzvoller Festlichkeiten, Diners, Bälle und Konzerte. »Böhmisch« wurde der Saal deswegen genannt, weil das vortrefflich geschulte Personal ausnahmslos aus Prag stammte. Der Konditor Johann Georg Pupp, ein Zugereister, der die Tochter eines Karlsbader Zuckerbäckers geheiratet hatte, gründete in den achtziger Jahren des 18. Jahrhunderts dieses Etablissement und machte es allmählich zum elegantesten der Stadt. Ludwig van Beethoven gab 1812 hier ein Wohltätigkeitskonzert zugunsten der Bewohner der abgebrannten Stadt Baden bei Wien. Zu Ehren des Fürsten Gebhard Leberecht Blücher, des »Marschalls Vorwärts« der Freiheitskriege, wurde am 18. Juni 1816, dem ersten Jahrestag der siegreichen Schlacht bei Waterloo, ein Ball veranstaltet, zu dem man 400 Karten verteilte. »Bei seiner Ankunft reichten ihm mehrere junge Damen Blumen, und die Prinzessin Hatzfeld schmückte sein Haupt mit einem Siegeskranz. Besonders lebhaft wurde das Ballvergnügen, als Fürst Blücher sich den Tanzenden anreihte«, schreibt Josef Jo-

Aus »Illustriertes Wiener Extrablatt« vom 15. September 1897.

Die Juwelendiebe von Carlsbad.
Das Ehepaar Krause.

Eine ungeheure Aufregung beherrschte am 5. September die Bevölkerung und die Curgesellschaft des Weltcurortes Carlsbad. In der frequentesten Straße, in einem der fashionabelsten Häuser des Badeortes war ein Einbruchsdiebstahl verübt worden, der zu den verwegensten seiner Art gezählt werden muß. Im „Steinernen Haus" wurde bei dem Prager Juwelier Joseph Dobrowsky eingebrochen und Pretiosen im Werthe von 50.000 fl. geraubt. In genau derselben Art, wie seinerzeit bei dem in Mariahilf etablirten Juwelier Platzer war der Einbruch vollführt worden. Der Einbrecher hatte sich in einem Zimmer oberhalb des Ladens eingemiethet und in der Nacht den Plafond durchbrochen. An einer Strickleiter kletterte er in das Geschäft herab, raubte, was er vorfand und verließ auf demselben Wege wieder das Local. Der That verdächtig erschien sofort ein Fremder, der am vorhergehenden Abend daselbst Logis genommen hatte und sich Ladislaus v. Piatrowsky nannte. Dank der unausgesetzten und energischen Recherchen der Polizei wurde festgestellt, daß Piatrowsky mit dem berüchtigten Johann Krause identisch sei. Er und seine Gattin, die erwiesenermaßen seine Helfershelferin war, wurden, wie das „Extrablatt" bereits ausführlich gemeldet hat, in Leipzig verhaftet.

63

hann Lehnhart in seinen »Carlsbader Memorabilien«. 1819 war Clemens Wenzel Lothar Fürst Metternich, der österreichische Staatskanzler, mehrmals Gast im »Böhmischen Saal«. Er weilte im August dieses Jahres in der Kurstadt, wo unter seinem Vorsitz die Vertreter der deutschen Staaten die berühmt-berüchtigten »Karlsbader Beschlüsse« gegen nationale und liberale Tendenzen ausarbeiteten: Einschränkung der Pressefreiheit, Buchzensur, Verbot der Burschenschaften und Turnvereine, Einschränkung der Universitätsrechte usw.

Der »Böhmische Saal« und der benachbarte »Sächsische Saal« wurden 1891/92 zum Teil niedergerissen, zum Teil von den Wiener Theaterarchitekten Hermann Helmer und Ferdinand Fellner zu einem einzigen Gebäudekomplex, dem weltberühmten »Grandhotel Pupp« (heute »Grandhotel Moskva«), vereinigt. Das prominente Architektenduo hatte schon einmal in Karlsbad eine Probe seines Könnens abgelegt: 1878/79 erbaute es die Sprudelcolonnade, eine Eisenkonstruktion, die sich vorbildlich der verspielten Architektur des Kurortes mit viel Neoklassizismus, Neorenaissance und Jugendstil anpaßte. Im Zweiten Weltkrieg wurde das wunderschöne Bauwerk, das eines der Wahrzeichen von Karlsbad war, bedenkenlos abgetragen und als Altmetall eingeschmolzen. (Der klobige Neubau von 1975, ganz in Beton und Glas, stört hingegen das Stadtbild ganz beträchtlich.) Auch der Entwurf des monumentalen »Kaiserbades« (heute »Kurhaus Nr. 1«) gegenüber dem Grandhotel Pupp, das mit seiner gravitätischen Fassade eher einem Opernhaus als einer Badeanstalt gleicht, wurde von Helmer und Fellner entworfen. Für Seine Majestät

war ein besonderes Séparée vorgesehen, ein Badezimmer, das nicht seinesgleichen hatte: ganz in Mamor, mit Gold- und Silberarmaturen und nach der neuesten Technik von 1895.

Vom Kaiserbad und vom Hoteletablissement Pupp spaziert man entlang des Tepl-Flusses auf schattiger Promenade zum Goethedenkmal. Leo Slezak, der unvergessene Tenor und Spaßvogel, ein langjähriger Kurgast von Karlsbad, erzählte einmal die Geschichte von zwei Amerikanerinnen, die versonnen vor der Büste standen, und die eine Miß zur anderen sagte: »Oh – he has a very interesting face, this Mister Pupp . . .«

Marienbad

Der berühmte Berliner Kliniker Geheimrat Friedrich Theodor von Frerichs wurde – schreibt das Autorenduo Walther Birkmayer und Gottfried Heindl in seinem reizenden Anekdotenbuch »Der liebe Gott ist Internist« – mit zunehmendem Alter immer wortkarger, und seine Verschreibungen dementsprechend knapper. Der Diener in seiner Klinik wußte das und pflegte an manchen Tagen die wartenden Patienten zu informieren: »Heute ist Marienbad dran!« Im vorigen Jahrhundert galt Marienbad als das harmloseste unter den böhmischen Bädern, eine Kur dortselbst aber als Allheilmittel gegen verschiedene Beschwernisse, die sich im Gefolge einer allzu üppigen Lebensweise einstellen. Ernstlich Leidende wie in Karlsbad, Franzensbad oder Teplitz sah man hier selten, sondern vornehmlich nur sogenannte »Titular-Patienten«, keine wirklichen Leber- oder Gallenleidenden, vielmehr Fettleibige, denen der Hausarzt ihrer Linie und ihres allgemeinen Wohlbefindens wegen eine Abmagerungskur vorgeschrieben hatte. Die Kurerfolge waren verblüffend. Heimgekehrte wurden oft von ihren Freunden gar nicht erkannt, so rank und schlank waren sie, und Johann Nestroy kommentierte die Badereise eines befreundeten Ehepaares nach Marienbad ironisch mit den Worten: »Sie wiegt neunundneunzig Kilo und nimmt dort jedes Jahr elf Kilo ab. In neun Jahren ist er sie los!«

Marienbad oder Mariánské Lázně, wie es heute heißt, am Südrand des Kaiserwaldes zwischen den Städten Eger und Pilsen gelegen, ist das jüngste unter den böhmischen Bädern. Zu Beginn des 18. Jahrhunderts bestand der »Kurort« aus einigen wenigen Hütten, und der Ruf seiner Quellen war kaum über die Grenzmarken der nächsten Bezirke gedrungen. Als einfache Mineralquellen ohne besondere Eigenschaften waren sie wohl schon seit Jahrhunderten unter dem Namen »Tepler Brunnen« bekannt, da das Quellgebiet auf dem Grund und Boden des mächtigen Prämonstratenserstiftes Tepl lag. 1528 gab Kaiser Ferdinand I., Enkel Maximilians I., des »letzten Ritters«, dem »hohen Bergbeamten« Christoph von Gendorf den Auftrag, die Quellen auf Kochsalz zu untersuchen. Er hoffte, im Falle eines Erfolges das Salzmonopol des oberösterreichischen Salzkammergutes brechen zu können. Bei der Analyse stellte sich dann allerdings heraus, daß das Mineralwasser kein Kochsalz, sondern Glaubersalz enthielt, und so mußte der Kaiser seinen Plan, dort eine Saline zu gründen, aufgeben. 1609 hat der böhmische Adelige Joachim von Liebsteinsky, Freiherr von Kolowrat, als erster Gast von Rang über Einladung der Stiftsherren von Tepl die Quellen besucht. Von Abt Raimund Wilfert II. ist überliefert, daß

König Eduard VII. von England in Marienbad.
Der Monarch bevorzugte während seiner Aufenthalte helle, gestreifte Anzüge. Sie fanden in der Herrenmode ebenso Eingang wie der weiche Filzhut, der Eduards ureigenste Schöpfung war.

Bild linke Seite:
Die Promenade vor dem Kreuzbrunnen in Marienbad. Um 1890.

67

Begegnung Kaiser Franz Josephs
mit dem britischen König
Eduard VII. am 16. 8. 1904 in
Marienbad. Begrüßung vor dem
Hospital.

er den »trüben, gesalzenen Säuerling« mit
Erfolg getrunken habe, worauf er sogleich
die bessere Nutzung der Quellen anordnete. Die Stiftsgeistlichkeit und befreunde-
te Gäste bewohnten in der Folge das 1710
eigens für Bade- und Kurzwecke erwor-
bene, drei Wegstunden von Tepl entfernt
liegende Schlößchen Hammerhof. Um die
übrige Welt kümmerte man sich vorerst
noch wenig; sie mochte sehen, wie sie mit
den primitiven Holzhütten an den Quellen
und in dem nahen Dörfchen Auschowitz
zurechtkam.

Sehr verdient machte sich der Laienbruder
und Stiftsapotheker Damian Schulz, der
erstmals durch Verdampfung des Mineral-

wassers Glaubersalz gewann, das das Stift
als »Tepler Salz« zum Heilgebrauch um
zwei Gulden das Pfund nach Bayern und
Sachsen verkaufte. Schulz ließ 1749 auch
den »gesalzenen Brunnen« fassen und daneben ein hohes Holzkreuz aufstellen, das
der Quelle für alle künftigen Zeiten den
Namen »Kreuzbrunnen« gab. Auch der
»Auschowitzer Salzbrunnen« (nachmals
Ferdinandsbrunnen), der »Stänker« (die
schwefelhaltige Marienquelle), die »Wald-
quelle« und der »Ambrosiusbrunnen« waren um diese Zeit bereits bekannt.

Zum eigentlichen ärztlichen Begründer
Marienbads, das seinen Namen von einem
Muttergottesbild an der Marienquelle her-

Kreuzbrunnen und Hotel »Leipzig« in Marienbad. Um 1900.

leitet, wurde der Stiftsarzt Dr. Joseph Nehr, der 1797 von seinem Abt den Auftrag erhielt, die Tepler Quellen in dem »wilden und abscheulichen Tal« in einen gebrauchswürdigen Zustand zu versetzen. »Wie erstaunte ich«, schrieb Nehr in seinen Erinnerungen, »als ich dieses verwilderte, rings umher mit steilen Bergen und finstern Wäldern dicht eingeschlossene Thal, in welchem diese Quellen ihr heilbringendes Wasser so reichlich ergießen, betrat! Alles was man sah, erregte Furcht, Widerwillen und Abscheu; Berge und Thäler, Wasserrisse und Gesümpfe, Stein und Sandhügel, vermoderte Stöcke und Windbrüche wechselten unausgesetzt untereinander ab ... Man denke sich eine derlei verwüstete, finstere, ganz menschenlose Einöde, in welcher einzig wilde Thiere, Holzfrevler, Raubschützen und Räuber zu hausen schienen; und man wird, man muss sich wundern, dass dessen ungeachtet sich doch jährlich zur Sommerszeit, vorzüglich an Sonn- und Feiertagen, freilich nicht einzeln, sondern in Truppen versammelte Menschen aus Liebe zu ihrer Gesundheit dahin wagten, einige Stunden allda ausharrten, und den Kreuzbrunnen nur oft mit Ungebühr zu 15–20 Seideln tranken. Diess bewiesen die zahllosen Inschriften dieser ehehin hier gewesenen Curgäste, mit welchen ich alle Wände der hölzernen Ein-

69

»Correspondenzkarte« –
Café Rübezahl in Marienbad.

schränkung dieses Brunnens beschrieben fand. Man schrieb mit Kreide, Kohlen oder Bleistift den Namen, Wohnort, manchmal die Krankheit, oft die Mass des getrunkenen Wassers, ja oft auch die Zahl der erfolgten Entleerungen darauf, und reisete so eilig als möglich wieder ab.« Auch bei dem damaligen Abt Christoph Hermann Graf Trautmansdorff schlug die Kur vortrefflich an. »Ich fand die Wirkung dieses Kreuzbrunnens«, schreibt Nehr weiter, »sowohl bei dem Herrn Abten als seinen Stiftsgeistlichen wirklich auffallend gut. Er öffnete in geringen Gaben zwei- bis dreimal täglich den Leib, machte gute Esslust, bewirkte normalmässige Verdauung, Heiterkeit und einen erquickenden Schlaf.« Als erstes ließ Doktor Nehr beim Kreuzbrunnen ein hölzernes Badehaus mit einigen Holzbadewannen aufstellen. Das Badewasser mußte unter freiem Himmel über offenem Feuer erhitzt werden. Dann ließ er

sämtliche Brunnen einfassen, reinigen und mit Dächern versehen, um sie sauber zu halten. 1805 wurde bereits das erste Kurhaus, das »Haus zur Goldenen Kugel«, in Betrieb genommen. Es verfügte über 16 Fremdenzimmer, war aber bei weitem nicht dem Ansturm der Gäste gewachsen. Repräsentative Gebäude entstanden erst in der Amtszeit des Abtes Karl Reitenberger (1813–1827), eines »Herrn voll Geist, Willenskraft und der liebenswürdigsten Humanität«, der sich tatkräftig um die Verschönerung des Badeortes und die Anlage eines Parks nach englischem Vorbild bemühte. Der eigens hiefür engagierte Hofgärtner des Fürsten Anton Lobkowitz, Wenzel Skalnik, entwarf mit viel Einfühlungsvermögen und Phantasie die Pläne. Ihre Verwirklichung war allerdings wegen des felsigen und sumpfigen Geländes mit enormen Kosten verbunden, so daß dem Abt Reitenberger der Vorwurf, »er werfe das Stiftsvermögen in den Sumpf«, nicht erspart blieb. Der Abt mußte abdanken und zog sich in das Prämonstratenserstift Wilten bei Innsbruck zurück, wo er 1860 hochbetagt verstarb. Nach seiner posthumen Rehabilitierung wurden seine sterblichen Überreste 1906 feierlich in das inzwischen weltbekannte Marienbad heimgeholt.

Im April 1820 machte Goethe auf einer Reise nach Karlsbad zum ersten Male in Marienbad Station. Ein Jahr darauf logierte er vom 29. Juli bis zum 25. August im Hause des Grafen Franz von Klebelsberg-Thumburg und trug sich als »großherzoglich-sächsischer, weimarischer wirklicher geheimer Rath und Staatsminister« in der Fremdenliste ein. Von der im Kurort geleisteten Aufbauarbeit war er fasziniert: »Mir war es, als befände ich mich in den nordamerikanischen Urwäldern, wo man in drei Jahren eine Stadt baut. Der Plan ist glücklich und erfreulich, die Ausführung streng, die Handwerker tätig, die Aufseher einsichtig und wach. Fertige Häuser, auszubauende, unter Dach, bis ans Dach, aus dem Grunde kaum hervor, alles ist lebendig. Nicht leicht habe ich etwas Erfreulicheres gesehen.« Goethes Arzt, Dr. Christoph Wilhelm Hufeland, war derselben Meinung: »Marienbad war für mich eine der erfreulichsten Erscheinungen meiner Reise. Auf der Stelle, wo vor zehn Jahren nur einige Hütten standen, steht jetzt schon eine kleine Stadt, bestehend aus zweiundvierzig Häusern, ja zum Teil Palästen, welche in schöner Symmetrie den Heilquell und seine Kolonnaden und Alleen umgebend, das ganze wieder umschlossen von dem dunklen Grün des Waldgebirges, beim Eintritte einen wunderbar überraschenden und romantisch anziehenden Anblick gewähren.«

In Marienbad begegnete der zweiundsiebzigjährige Dichter seiner letzten großen Liebe, Ulrike von Levetzow, Tochter des mecklenburgisch-schwerinischen Hofmarschalls Otto von Levetzow, die mit ihrer Mutter gleichfalls im Hause des mit der Familie eng befreundeten Grafen Klebelsberg-Thumburg wohnte. Ulrike war siebzehn Jahre alt, blond, schlank und hatte große blaue Augen. Goethe fand Gefallen an dem »Töchterchen« und spazierte mit ihm Hand in Hand auf der Kurpromenade. 1822 traf man sich wieder im gleichen Hause. Ulrike erinnerte sich: »Auch in diesem Sommer war Goethe sehr freundlich mit mir und zeichnete mich bei jeder Gelegenheit aus.« Aber: »Keine Liebschaft war es nicht!« In seinem letzten Marienbader Jahr 1823 mußte Goethe in das benach-

»Correspondenzkarte« – Kreuzbrunnenkolonnade in Marienbad.

barte Hotel »Zur Goldenen Traube« (später »Goethehaus« am jetzigen Gottwaldplatz) umziehen, weil der Großherzog Carl August von Sachsen-Weimar die Zimmer im Klebelsbergischen Hause belegt hatte. Heute beherbergt das Goethehaus das Stadtmuseum, welches nicht nur die Entwicklungsgeschichte Marienbads zum Heil- und Kurort dokumentiert, sondern vor allem an den berühmten Kurgast von anno dazumal erinnert. Und natürlich auch an Ulrike von Levetzow, um deren Hand Goethe schriftlich bei der Mutter im gleichen Sommer angehalten und seinen Großherzog Carl August als Brautwerber vorgeschickt hatte. Der Landesfürst versprach Ulrike im Falle der Heirat eine jährliche Pension von 10.000 Talern. Unerhört war die Bitte und unerhört sollte sie auch bleiben. Was blieb, war eine ungestillte Sehnsucht, das schmerzliche Gefühl des Verlustes und Verse, die das eben gegrün-

dete Bad unsterblich machten: Die »Marienbader Elegie«. Nach diesem Liebestraum mit Ulrike von Levetzow hat Goethe Böhmen und seine Bäder nicht mehr wiedergesehen . . .

Im Herbst 1835 besuchten der »gütige« Ferdinand I. und seine Gemahlin, Kaiserin Maria Anna Carolina, Marienbad. Der mitreisende Hofstaat war so zahlreich, daß es bei der standesgemäßen Unterbringung Schwierigkeiten gab. Aber von nun an rissen die »allerhöchsten« Besuche nicht mehr ab: Noch im gleichen Jahr erschien die Erzherzogin Sophie, die Schwägerin des Kaisers, 1836 Königin Therese von Bayern und König Otto von Griechenland, 1838 der Prinz von Preußen, der spätere Kaiser Wilhelm I., 1847 Erzherzog Franz Joseph und seine Brüder Ferdinand Maximilian und Karl Ludwig. Jede Sommersaison brachte für Marienbad neue Höhepunkte. »Im ersten Dezennium unseres

Jahrhunderts ging etwa von Mitte August bis gegen den zehnten September die Sonne der Badestadt in Böhmen mit einiger Regelmäßigkeit erst gegen acht Uhr morgens auf«, schreibt der Redakteur der »Neuen Freien Presse« Sigmund Münz in seinem Buch »Eduard VII. in Marienbad«. »Um diese Stunde nämlich zeigte sich der ›Herzog von Lancaster‹, will sagen der König von England und Kaiser von Indien, auf der Promenade vor dem Kreuzbrunnen. In anziehender Schlichtheit wandelte er einher – ein wahrer Bürgerkönig. Keine Wolke von Majestät hüllte ihn ein – nichts Pathetisches, nichts Prunkvolles war ihm eigen . . . Immer richtete er es so ein, daß er durch sieben Jahre den Geburtstag des Kaisers Franz Joseph, den achtzehnten August, in Marienbad verbrachte. Da beteiligte er sich an dem Tedeum, das der Abt von Tepl in festlichem Rahmen in der katholischen Kirche zelebrierte . . . Immer trug er die Uniform seines österreichisch-ungarischen Husarenregiments, zuerst die des Obersten und dann des Marschalls, mit dem Federhut und dem Stephansorden. Jahr für Jahr saß er da inmitten einer andächtigen Festversammlung auf dem für ihn errichteten Thronsessel. Und immer defilierten nach dem Hochamt vor ihm die Veteranenvereine mit klingendem Spiel und wehenden Fahnen, und solche Huldigungen nahm er entgegen vom Balkon seines Gasthofs. Immer gab es an diesem Kaisertag ein Galadiner beim König. Zuweilen in seinem Absteigquartier ›Hotel Weimar‹, das in der Flucht der königlichen Gemächer auch einen stattlichen großen Speisesaal enthielt. Noch öfter aber ward dieses Prunkmahl im großen Saal des ›Kurhauses‹ abgehalten, denn die Zahl der Gäste war groß, steigerte sich zuweilen bis zu drei Dutzend. Außer des Königs Gefolge, dem jeweiligen britischen Botschafter in Wien, den in Marienbad befindlichen englischen Ministern und Exministern sowie Parlamentariern, waren auch andere angesehene Engländer dabei, wie etwa einmal der Schauspieler Sir Squire Bancroft oder der Wiener Time-Korrespondent Henry Wickham Steed . . . und selbstverständlich die Standespersonen von Marienbad, will sagen der Abt von Tepl, der Bezirkshauptmann – durch viele Jahre war es Prinz Eduard Liechtenstein –, der Bürgermeister, der Kommandant des militärischen Kurhauses.«

Neun Sommer verbrachte Eduard VII. in Marienbad – zwei davon (1897 und 1899) noch als Prinz von Wales – fern der Etikette des Hoflebens, aber nicht fern der Politik. Kaiser Franz Joseph stattete ihm am 16. August 1904 im Kurbad einen Besuch ab. Er erwiderte damit den Wiener Besuch Eduards im vorangegangenen Jahr, denn den Strapazen einer Gegenvisite in England fühlte er sich nicht mehr gewachsen. Es wurde ein großartiger Empfang. Vor der »Villa Luginsland«, wo der Kaiser Quartier nahm, hatten die Stadtväter einen Kuppelbau errichtet, auf welchem eine vier Meter hohe Kaiserkrone angebracht war. Die Edelsteine der Krone waren durch bunte elektrische Glühbirnen markiert. Laut Bericht der Marienbader Zeitung erwartete der englische König, der zu diesem Anlaß die österreichische Feldmarschallsuniform angelegt hatte, seinen hohen Gast am Bahnhof. Als Franz Joseph – in englischer Admiralsuniform – seinem Hofsalonwaggon entstiegen war, begrüßten sich die beiden Monarchen freundschaftlichst durch Handschlag und küßten sich zweimal. Bei der Tafel im »Hotel

Weimar« war der Platz des Kaisers mit dessen Lieblingsblumen, Edelweiß, Maiglöckchen und Nelken, geschmückt. Die von Eduard in deutscher Sprache gehaltene Tischrede endete mit den Worten: »Tief gerührt, werde ich nie Eurer Majestät Besuch vergessen und immer die größte Freundschaft für Eure Majestät fühlen«, worauf die Kurkapelle die österreichische Volkshymne anstimmte. Und der Kaiser trank »auf die Dauer und Festigkeit der traditionellen Freundschaft« mit dem Empire, und die Kapelle intonierte die britische Nationalhymne. Doch – wie nahe war man schon der Zeit, da die böhmischen Bäder zum »Vorsaal des Weltkrieges« werden sollten und just hier in Marienbad der Serbe Nikola Pašić mit englischen, französischen und russischen Staatsmännern hochpolitische Gespräche führte . . .

Franzensbad

Mit den Worten der Bibel, daß im Anfang »alles wüst und leer« war, könnte man auch den Bericht über die Geschichte von Franzensbad (heute Františkova Lázně), dem dritten Weltbad Böhmens, beginnen. Denn dort, wo sich später die reizende biedermeierliche Kurstadt mit ihren schönbrunnergelb gestrichenen Häusern, den schattigen Parkanlagen und grünen Wiesenteppichen ausbreitete, war vor rund dreihundert Jahren tatsächlich noch alles öd, leer und verlassen. »Schwarzer, unfruchtbarer Moorgrund ringsum, nur hie und da unterbrochen von mageren Wiesen und Äckern. Im Sumpf und Moor trieben die Moor- und Wasserkobolde ihr Spiel, und nur der Pflug des Landmannes und die Sense des Mähers belebten die Einförmigkeit der rauhen, fast baum- und strauchlosen Hochebene«, heißt es in der Schilderung eines längst vergessenen Schriftstellers. 1406 wurde das in dieser gottverlassenen Gegend vorkommende Mineralwasser erstmals urkundlich erwähnt. Obwohl die Quelle in dem Dorfe Dölitz entsprang, nannte man das Wasser »den Egerischen Säuerling« nach der nur vier Kilometer weit entfernten Stadt Eger. Fremde Ärzte verbreiteten den Ruf des Wassers: der Straßburger G. Etschenreuter, ferner der Leibarzt des Fürstbischofs von Speyer Jakob Theodor von Bergzabern und der Sachse Georg Agricola, der die Quelle in seinen Schriften eine »wüthende« nannte, »weil sie mit großem Geräusche aufwallend, gleichsam donnernd aus der Erde hervorsprudle, so daß es auf hundert und mehrere Schritte nicht anders als ein entferntes Donnern widerhalle«. 1502 mußten die Stadtoberen von Eger den Sauerbrunnen zuschütten lassen, weil sein Wasser ungenießbar geworden war. »Lose Buben« hatten ihn verunreinigt, indem sie boshafterweise den Körper eines Gehenkten in die Quelle warfen. Von dieser Zeit an bezogen die Egerer Bürger ihr Mineralwasser aus dem benachbarten Dörfchen Schlada, das gleichfalls eine Quelle besaß, und nannten das Wasser der Einfachheit halber auch wiederum »Egerer Sauerwasser«.

Anfang des 17. Jahrhunderts trafen die ersten Kurgäste in der Stadt Eger ein und nahmen bei Bürgersleuten Quartier. Beim Brunnen selbst bestanden damals noch keine Wohnmöglichkeiten. Das für die Trink- und Badekuren notwendige Wasser schleppten Wasserträgerinnen in Krügen und Butten mühevoll, aber gegen gute Bezahlung, in die Stadt. Der Egerer Stadtrat forderte in einem Erlaß die Einwohner auf, den Gästen »höflichst und freundlichst entgegenzukommen«, die Fremdenzimmer reinlich zu halten und die Nachttöpfe nicht auf die Straße zu leeren. Die Bäcker und Fleischer wurden ermahnt, an die »fürnemen Leut« nur ordentliche Ware abzugeben. Und so, wie in Karlsbad, wurde es auch in Eger ständiger Brauch, die Gäste bei ihrer Ankunft mit Trompeten und Fanfaren zu begrüßen.

Etwa um die gleiche Zeit setzte auch der Versand von Mineralwasser in Tonflaschen ein. 1617 gingen Sauerbrunnsendungen an die Gemahlin des Kaisers Matthias, Anna von Tirol, ab, die sich eben in Prag aufhielt. Die Ehe des Kaisers mit dieser frommen Frau – sie brachte den Kapuzinerorden nach Wien und gründete die Familiengruft in der Kapuzinerkirche – war kinderlos, und selbst das berühmte Egerer Wasser, auf das ihre Leibärzte so große Hoffnungen setzten, konnte in diesem Falle nicht helfen. 1627 erhielt der Bürger Wolf Vetterl die Bewilligung des

Magistrats, »das allhiesige Sauerbrunnwasser nach Oesterreich und Wien zu verführen«. Da sich Unstimmigkeiten bei den Transporten ergaben und das Wasser oft trüb und verdorben am Bestimmungsort ankam, wurde das Versandgeschäft wieder eingestellt. Erst 1670 erhielt die Stadt Eger durch kaiserliche Entschließung das alleinige Privilegium zur Versendung des Sauerbrunnens. Den Erlös durfte man zur Deckung der Ausgaben für die städtischen Fortifikationen verwenden. Als oberster Beamter wurde ein magistratischer »Sauerbrunneninspektor« eingesetzt. Er überwachte die richtige Füllung der Flaschen, ihre Verpackung und Lagerung, überprüfte die Rechnungen und Geldeingänge und führte die Korrespondenzen. Da das Egerer Wasser auch als Luxusgetränk überaus geschätzt war und gerne zum Wein getrunken wurde, blühte das Geschäft so enorm auf, daß in vielen großen Städten wie Wien, Prag, Breslau, Nürnberg, Leipzig, Hamburg und Warschau – unterstützt durch kaiserliche Patente auf Zollfreiheit – Niederlassungen gegründet werden konnten.

Um das Jahr 1750 erwog der Stadtrat von Eger den Bau einer Wasserleitung von der Schladaquelle in die Stadt. Obwohl die Pläne dazu fix und fertig waren, verschleppte sich ihre Ausführung, bis endlich der Egerer Stadtphysikus Dr. Bernhard Adler, ein Sohn der Stadt, der sein Amt 1785 angetreten hatte, die Sache energisch in die Hand nahm. Er setzte zunächst durch, daß die Stadt über Auftrag der Landesregierung die Quelle reinigen, ordentlich fassen und durch einen Brunnenpavillon überdachen lassen mußte, um die hygienische Wasserentnahme zu gewährleisten. Das freie Schöpfen des Mineralwassers wurde untersagt. Sehr wenig erbaut von dieser Maßnahme waren die Egerer

75

Brunnenweiber, die sich in ihren alther-
gebrachten Rechten geschmälert sahen und
um ihren Verdienst bangten. Und so kam
es zu dem berühmten Weibertumult vom
18. August 1791, über den ein Augenzeuge
berichtete:

»Die Frau des Maurermeisters Peter
Schäck hängte sich eine Trommel um und
lärmte damit die in der Umgebung woh-
nenden Genossinnen zusammen. Um ein
Uhr Nachmittag zog der Weiberhaufen
zum Brunnen nach Schlada und nahm den
dort arbeitenden Zimmerleuten die Werk-
zeuge ab. Eine der Führerinnen bestieg den
neuen Brunnentempel, leerte dort das mit
Sauerwasser gefüllte Glas mit einem Hoch
auf den Kaiser und warf es dann dem
herbeigeeilten Brunnenaufseher Kriegl-
stein gegen den Kopf, so daß er blutend

und unter Schimpf und Spott sich eiligst
zurückziehen mußte. Dann wurde die neue
verhasste Brunneneinschränkung zerstört.
Die Säulen wurden abgesägt, der Tempel
stürzte krachend zusammen, das Latten-
gitter wurde zerbrochen und mit rasch
verfertigten Siegesfahnen aus Schürzen
und Tüchern zog der Weiberschwarm
nach dem gelungenen Quellensturm wieder heimwärts.«

Dr. Adler mußte das Zerstörungswerk wü-
tend mitansehen und schließlich sogar vor
den erzürnten Frauen flüchten. Vergeblich
wandte er sich um Hilfe an den Magistrat
Eger, der aber ein Einschreiten ablehnte,
weil er dadurch einen noch ärgeren Tu-
mult befürchtete. Also reiste Dr. Bernhard Adler eiligst nach Prag zu Kaiser Leopold II., der sich dort zu seiner Krönung

aufhielt, um ein Machtwort für die Anlage eines Badeortes bei der Quelle von Schlada zu erbitten. Er fand bei Seiner Majestät ein geneigtes Ohr und die volle Zustimmung für seine Pläne. Nun endlich wurden auch die Egerer Stadtväter aktiv: Mit großem Eifer wurden die Moorwiesen entwässert, Bäume gepflanzt, Straßen und Parks angelegt, eine Wandelbahn gebaut und der Sauerbrunnen mit einem neuen Tempel versehen. Dann wurden die ersten Gebäude für die Fremdenbeherbergung, ein Kurhaus und ein Flaschenfüllhaus errichtet, und im August 1793 war alles so weit gediehen, daß die offizielle Eröffnung des Kurbades vorgenommen werden konnte. (Übrigens: Die Brunnenstürmerinnen von anno 1791 erhielten straflose Verzeihung, weil man »den Weiberaufstand gleichsam als treibende Ursache der Gründung des Kurortes betrachtete«.) Mit Zustimmung Kaiser Franz' II. (beziehungsweise I. von Österreich), der seinem Vater Leopold II. 1792 auf dem Thron gefolgt war, erhielt das Bad den Namen »Kaiser-Franzdorf«, später »Franzensbad«. Der Egererbrunnen wurde in »Franzensquelle« umbenannt. Franz hatte von seinem Vater die Vorliebe für Mineralwässer geerbt. Leopold reaktivierte, als er noch Großherzog der Toskana war, die alten römischen Bäder Montecatini und Abano.

Sein Bruder, Erzherzog Maximilian Franz, Kurfürst und Erzbischof von Köln, der die gleichen Neigungen hatte, gründete Bad Godesberg. Franz wiederum favorisierte sein geliebtes Baden bei Wien, den Kurort Recoaro in Venetien, der heute noch für sein Tafelwasser bekannt ist, und verfolgte mit großem Interesse das Gedeihen und den Aufschwung der böhmischen Bäder.

Die Bereitung der Moorbäder in Franzensbad.

Dr. Bernhard Adler, dem Franzensbad so viel verdankt, war auch ein unermüdlicher Forscher. Er nahm die erste Analyse des Mineralwassers vor, schrieb darüber auch eine »Chemisch-medizinische Abhandlung« und stieß 1803 bei Grabungen auf eine zweite Mineralquelle, die er nach der Tochter des Kaisers Franz und späteren Gemahlin Napoleons I., Marie Louise, »Louisenquelle« benannte.

Nach Adlers Tod 1809 wurden noch die »Gasquelle«, der »kalte Sprudel«, die »Salzquelle«, die »Wiesenquelle«, die »Neuquelle« und nach 1850 die »Stephanie-«, die »Herkules-« und die »Natalienquelle« erschlossen, alles alkalisch-muriatisch-salinische Säuerlinge, mit denen Herzkrankheiten, Bluthochdruck und Rheumatismus behandelt werden.

77

Promenade vor dem »Cursaal« in Franzensbad. Um 1900.

Geheimrat von Goethe treffen wir selbstverständlich auch in Franzensbad, wo er auf seinen zahlreichen Badereisen nach Karlsbad und Marienbad nicht weniger als dreiunddreißigmal durchgekommen ist. Bisweilen nahm er für einige Tage Aufenthalt, am längsten im Sommer 1808, als er einen Monat im Kurhaus wohnte. Der Dichter liebte das »köstliche Egerwasser«, das ihm trefflich mundete und wiederholten brieflichen Äußerungen nach »sehr bekömmlich« war. Seiner Gattin Christiane ließ er das Mineralwasser nach Weimar zustellen: »Der Kutscher bringt gleich zwey Kisten, jede mit 20 kleinen Flaschen Egerwasser mit. Da es so frisch ankommt, so wird es dir vortrefflich munden und wol bekommen. Ich hätte gewünscht, dir ein

Glas vom Brunnen selbst zu reichen.« Ansonsten vermißte er aber seine Ehefrau in Franzensbad kaum. Schon einen Tag nach seiner Ankunft, am 9. Juli 1808, nimmt er am Hochzeitsball der Demoiselle Genoveva Adler, der Tochter des Arztes Dr. Adler, die den Ortsapotheker geheiratet hatte, teil und ist sofort Mittelpunkt der Gesellschaft. In diesem Jahr vertieft sich auch seine Zuneigung zu der 23jährigen, ihm schon von Karlsbad her bekannten Silvie von Ziegesar, Tochter des Gotha-Altenburgischen Ministers Freiherrn von Ziegesar. Mit dem hübschen, liebenswürdigen und schwärmerisch veranlagten Mädchen ist er nahezu täglich beisammen, macht mit ihm ausgedehnte Spaziergänge und widmet ihm die Verse:

Wenn die Zweige Wurzeln schlagen,
wachsen, grünen, Früchte tragen,
möchtest Du dem Angedenken
Deines Freund's ein Lächeln schenken.

Großes Interesse erweckte bei Goethe der »Kammerbühl«, ein vulkanischer Kegel im Eger-Franzensbader Becken, auf den ihn sein Freund, der Egerer Magistratsrat Sebastian Grüner, aufmerksam gemacht hat. Zusammen mit dem gleichfalls naturwissenschaftlich interessierten Grafen Kaspar Sternberg besuchte er mehrmals den rätselhaften Berg und notierte auf dem Verzeichnis der eingesammelten Gesteinsproben: »Uralte, neuentdeckte Naturfeuer- und Glutspuren.« 40 Jahre später verfaßte ein anderer berühmter Kurgast von Franzensbad, Anton Graf Auersperg, bekannter unter dem Pseudonym Anastasius Grün, ein Gedicht über die eigentümliche Landschaft:

Ein Hexenkessel ist rings das Thal,
Draus brodeln betäubende Dämpfe fahl,
Die einen beten Neptunen an,
Die anderen schwärmen: Altvater Vulkan!
Die Steine selber ziehen Grimassen,
Rings liegen zerstreut basalte Säulen,
Granitene Blöcke, Schieferzeilen,
Wie Zaubergerät, das liegen gelassen.

Weltruf erlangte Franzensbad durch seine Moorbäder, die neben den Trinkkuren etwa ab 1850 mit bestem Erfolg bei verschiedenen Frauenleiden angewendet wurden. »Ein solches Moorbad ist Ihnen das köstlichste Ekelhafte, das Sie sich denken können«, schreibt Marie Ebner-Eschenbach. »Die Empfindung, die einem im Moorbad überkommt, ist ein mit Grauen gemischtes Entzücken, dem ein Gefühl fast überwältigenden Wohlbehagens folgt ... Auf zarte Frauen macht ein solches Bad die

König Friedrich August III. von Sachsen (mit dunklem Hut) im Fond des Kabrioletts vor dem Parkcafé in Franzensbad. 1907.

Wirkung einer Oper der Zukunft, oder eines kleinen Champagner-Rausches, was ungefähr dasselbe sein soll. Sie werden heiter, selig, verklärt, sentimental, schwärmen von verborgenen Veilchen und leuchtenden Sternen, vom letzten Balle und der ersten Liebe, fühlen sich in Arkadien geboren, gehen nicht mehr, sondern hüpfen spazieren, singen die große Arie aus Robert der Teufel, deklamieren, ja verfertigen Gedichte: was denn freilich in den meisten Fällen ein Unglück ist.«

Anders sind die Gedanken und die Überlegungen eines Mannes, der die leidenden und Kräftigung suchenden Damen beobachtet. »Man trifft sie zeitlich Morgens am Brunnen«, erzählt der »Wiener Spaziergänger« Daniel Spitzer, »zumeist in elegantem

79

Modeputze, langsamen Schrittes zu den Klängen der vortrefflichen Curcapelle auf und ab wandeln, mit Trinkgläsern in der Hand, deren Inhalt sie, um den Zähnen keinen Schaden zuzufügen, aus dünnen Glasröhrchen schlürfen. Man sieht sehr viele bleiche Gesichter von rührend sanften Ausdrucke, und derjenige, den blos die Neugierde hiehergeführt, schämt sich derselben, wenn diese Dulderinnen ihr Auge zu ihm aufschlagen; dann begegnet man wieder schönen Frauen mit schmachtenden Mienen, die man aber um diese frühe Stunde nicht zu ernst nehmen muß, da sie nur die Sehnsucht ausdrücken, in die weichgepolsterten Arme des Schlafgottes zurückzukehren, aus denen die Träumerinnen durch das Klopfen des weckenden Hausknechtes zu früh gerissen wurden, und manchmal findet man glücklicherweise auch gesunde rosige Wangen, heimlich spielende Blicke, verführerisches Lächeln, kurz den ganzen Zauber der weiblichen Koketterie, die freilich nichts ist, als eine Masseneinladung zu einem ausgesuchten Diner, das niemals stattfindet.
Es wird Einem ganz unheimlich zu Muthe, wenn man die holden Frauen in die Bade-

Anstalt eintreten sieht und daran denkt, daß deren liebliche Gestalt bald grauenhafter Schlamm einhüllen werde, statt der eleganten Morgentoilette, die sie so reizend kleidet, als rührte sie von demselben Schneider her, bei dem die Lorelei arbeiten läßt. Hätte die schöne Susanne, von der die Bibel erzählt, hin und wieder an Anfällen von Migräne gelitten und deßhalb Moorbäder gebraucht, so wüßte wol Niemand etwas von der Keuschheit, der sie ihren Weltruf verdankt, da die beiden lüsternen Greise bei dem Anblicke der Badenden entsetzt die Flucht ergriffen haben würden, anstatt dieselbe mit ihren Zudringlichkeiten zu belästigen. Unzählige Abbildungen in den Schaufenstern Franzensbads zeigen demjenigen, dessen Phantasie zu schwach ist, um es sich vorzustellen, wie abscheulich die Badenden durch ein solches Moorbad entstellt werden ... Als ich Abends heimkehrte, da sah der Mond gespensterhaft blaß aus, und wie er in eine schwarze Wolke untertauchte, die vorüberzog, hätte man glauben können, daß auch die bleichsüchtige Luna nach Franzensbad gekommen sei, um Moorbäder zu gebrauchen ...«

Teplitz-Schönau

Als der berühmte Arzt Christoph Wilhelm Hufeland, der Goethe, Schiller, Wieland und Herder zu seinen Patienten zählte, einmal um seine Meinung über die Thermen von Teplitz befragt wurde, antwortete er: »Teplitz macht die Tauben hörend, die Blinden sehend und die Lahmen gehend.« Er empfahl Teplitz-Schönau, das älteste unter den böhmischen Heilbädern, praktisch gegen alle Leiden, besonders aber bei Gicht, Lähmungen und Krämpfen sowie zur Heilung schwerer Verwundungen.

Daß hier am Rande des böhmischen Mittelgebirges, nicht allzu weit von der sächsischen Grenze entfernt, warmes Wasser aus dem Boden sprudelt, geht schon aus dem Ortsnamen »Teplitz« hervor, der sich von dem tschechischen »teply« ableitet, was soviel wie »warm« bedeutet. Die Geschichte dieses später so berühmten Kurortes verliert sich im Dunkel einer merkwürdigen Sage, welche die Entdeckung der Heilquellen in das Jahr 762 verlegt. Damals regierte in Böhmen Herzog Nezamisl, ein Sohn der Libussa, der Gründerin von Prag und sagenhaften Ahnenmutter des Geschlechts der Přemysliden. Grundherr des Landstriches um das heutige Teplitz-Schönau war ein gewisser Ritter Kolostug. Dessen Schweineherde, die in den Eichenwäldern weidete, soll – so heißt es – eines Tages beim Wühlen im Erdreich auf eine heiße Quelle gestoßen sein. Erfreut über diese Entdeckung erbaute Kolostug ein Schloß in der Nähe der Quelle und nannte die Bauernansiedlung, die bald rings um das Schloß entstand, Teplice – Warmbad.

Auf historisch verbürgte Nachrichten stößt man erst im 12. Jahrhundert. 1156 gründete die fromme Judith, Tochter des Landgrafen Ludwig III. von Thüringen, die mit Wladislav, dem ersten König von Böhmen, vermählt war, in Teplitz ein Benediktinerinnenkloster und stattete es mit reichem Grundbesitz aus. In den Hussitenkriegen hatte das Nonnenkloster schwer zu leiden, und die Chroniken aus jener Zeit beschränken sich im wesentlichen auf die Aufzählung der Überfälle und Plünderungen. Am schlimmsten trieb es ein Ritter namens Prokop der Kahle, der dreimal – 1426, 1429 und 1430 – das Kloster und den Ort Teplitz überfiel, ausraubte und in Brand steckte. Die Nonnen wurden, soweit sie nicht flüchten konnten, ermordet.

In der Folge wechselten Teplitz und das völlig zerstörte Klostergebäude in kurzen Abständen mehrmals seine Besitzer. Bekannte Namen der böhmischen Geschichte finden sich darunter, wie die Familien Vitzthum, Liebsteinsky-Kolowrat und Waldstein. Der böhmische Oberstlandesschreiber August Wolf von Wrzesowicz vergrößerte den Teplitzer Landbesitz um das Nachbargut Schönau und gründete 1544 die erste Badeanstalt. Um das Jahr 1600 besaß Teplitz bereits ein »Großes Herrenbad«, ein »Bad der gemeinen Bürger- und Bauernweiber«, ein »fürnehmes Bürgerweiberbad« und ein »Herzogin- oder Frauenzimmerbad«. Neben diesen gedeckten Badeanstalten gab es noch drei offene, ungedeckte Bäder, das »gemeine Männerbad«, das »gemeine Weiberbad« und das »Rossebad«, in dem »schadhafte« Pferde gesundgepflegt wurden. Außerhalb der Stadtmauer und in Schönau durften Landstreicher, Aussätzige und Personen, »welche die Franzosenkrankheit und andere greuliche, abscheuliche Schäden an sich haben«, im »Steinbad«, im »Schlangenbad« und im »Neubad« Genesung suchen.

1634 schenkte Kaiser Ferdinand II. die Herrschaft Teplitz dem Feldmarschall Johann Graf von Aldringen. (Der Vorbesitzer, Wilhelm Graf Kinsky, war als Waffengefährte Wallensteins in Eger erstochen worden.) Auch Graf Aldringen erfreute sich nur kurz seines Besitzes. Er fiel noch in demselben Jahr, am 22. Juli 1634, in der Schlacht bei Landshut durch eine schwedische Kanonenkugel. Die Güter kamen im Erbweg an die florentinische Patrizierfamilie Clary, die sich künftig Clary-Aldringen nannte und durch Verdienst und kaiserliche Huld 1767 in den Reichsfürstenstand erhoben wurde. (Bis 1945 blieb die Herrschaft samt allen Mineralquellen und Bade-

anstalten im sorgsam und klug verwalteten Besitz dieser Familie.)

Im Siebenjährigen Krieg blieb Teplitz zu seinem Glück vor jeglichem Schaden bewahrt, ja es erhielt gerade in dieser Zeit eine nicht zu unterschätzende Aufwertung als Kurort. Die kriegführenden Parteien, Preußen und Österreich, hatten nämlich vereinbart, die Stadt militärisch nicht zu besetzen. Am 19. Mai 1759 erhielt sie den Sonderstatus einer Lazarettstadt, in der die Soldaten beider Armeen volle Freiheit genossen und ungestört ihre erlittenen Blessuren auskurieren lassen konnten. Diese menschenfreundliche Regelung behielt auch in den Napoleonischen Kriegen ihre

Gültigkeit. Als am 30. August des Kriegsjahres 1813 bei Kulm in der Nähe von Teplitz eine Entscheidungsschlacht stattfand, wurden französische, deutsche, russische und österreichische Verwundete hierher gebracht. In der Kurstadt befand sich für mehrere Wochen das Hauptquartier des Oberkommandierenden Fürsten Karl Philipp Schwarzenberg und das Hoflager der verbündeten Monarchen von Österreich, Rußland und Preußen. Der britische Botschafter in Rußland, Lord William Shaw Cathcart, schilderte in einem Brief vom 7. September 1813 an das Außenministerium in London die besonderen Bedingungen des Lebens in Teplitz: »In der Residenz, wo sich drei Herrscher, drei Höfe, drei Minister und drei Hauptquartiere befinden, gibt es natürlich viele Gesellschaften, viele Gerüchte und eine Vielfalt von Möglichkeiten, die gleichen Tatsachen festzustellen.« Und ärgerlich fügte er hinzu: »Es ist schwer, die Wahrheit herauszufinden.« Dem Fürsten Metternich scheint der Teplitzer Aufenthalt in guter Erinnerung geblieben zu sein, denn er besuchte die Stadt auch nach dem Krieg noch häufig und kam in Gesprächen und Briefen immer wieder auf die Krisentage von 1813 zurück. Der Grund für das freundliche Erinnern wird wohl auf den großen diplomatischen Erfolg zurückzuführen sein, den er damals für sich verbuchen konnte. Am 9. September unterzeichneten Österreich, Rußland

und Preußen die sogenannten »Allianz-Verträge von Teplitz«, drei bilaterale Pakte mit der gegenseitigen Zusicherung, nach dem Sieg über Napoleon und seine »Grande Armee« ein ausgewogenes Gleichgewicht zwischen den europäischen Mächten herzustellen.

22 Jahre später, im September 1835, sah Teplitz wieder ein Monarchentreffen. Zar Nikolaus I. von Rußland und König Friedrich Wilhelm III. von Preußen kamen mit großem Gefolge an. Für den Gastgeber, Kaiser Ferdinand I. von Österreich, war es das erste große Auftreten. Metternich führte dabei nach besten Kräften Regie. »Ich bin es«, betonte er selbstbewußt, »der diese ganze Maschine in Bewegung setzt.«

In Kulm legte Ferdinand den Grundstein für ein Denkmal zur Erinnerung an die Waffenbrüderschaft von anno 1813, es gab glänzende Paraden, herrliche Feuerwerke und rauschende Bälle; zu den Konferenzen allerdings mußte der Bruder des Kaisers, Erzherzog Franz Karl, den Staatskanzler begleiten. Der gutmütige und harmlos-naive Ferdinand, der sich so schwer Namen und Titel merken konnte, blieb inzwischen lieber daheim in seinem Quartier. Metternich konnte trotzdem mit dem Ergebnis der Besprechungen zufrieden sein und vermerken, »daß die Verständigung, zu der man in Teplitz gekommen war, umfassender und freundlicher war, als bei jeder früheren Begegnung«.

In eben diesen Jahren hatte der Kurort Teplitz-Schönau durch die Fürsorge und tätige Hilfe der Familie Clary-Aldringen einen besonders erfreulichen Aufschwung genommen.

Besonders Fürst Edmund Moritz, der 1831 die Grundherrschaft übernommen hat, war es, »welcher als der humane Besitzer gleich seinen glorreichen Ahnen für alles Schöne und Gute begeistert, jedes Jahr die größten Opfer bringt, um zu verbessern und Neues hervorzurufen, damit der Glanz von Teplitz und Schönau mit jedem Jahre erhöht und für das Wohl derselben, so wie für die Annehmlichkeit und Bequemlichkeit seiner Besucher gesorgt werde«, schrieb 1862 der Badearzt Dr. Eduard Kratzmann. Und weiter: »Die großartige Schöpfung des in korinthischem Stil erbauten Neubades mit den herrlichsten Wohnungen und die Vermehrung der Badezellen, der Bau der Moorbäder und die Vermehrung der Badezellen im Herrenhause, der Bau der Trinkanstalt im Spittelgarten und des Wärmeapparates daselbst, die Verschönerung der Umgegend durch Anlagen und Spazierwege, der bereitwillige Verkauf des Spittelgartens an die Stadt, um für selbe einen angenehmen Promenadeplatz in Zukunft zu sichern, die reichliche Unterstützung eines jeden wohltätigen Unternehmens, liefern die Beweise seiner Großzügigkeit und Opferwilligkeit.«

Viel zum Ansehen Teplitz-Schönaus trug bei, daß der Preußenkönig Friedrich Wilhelm III. 25 Jahre lang regelmäßig zur Kur erschien. Er lernte hier die blutjunge schöne Gräfin Auguste Harrach kennen, die er später in zweiter, morganatischer Ehe heiratete. Auch das war, besonders in Deutschland, eine fast unbezahlbare Werbung für die Kurstadt.

Goethe gebrauchte 1810 zum ersten Male in Teplitz-Schönau die Kur.

Im gleichen Jahre traf, von Karlsbad zur Nachkur kommend, auch die Kaiserin Maria Ludovica ein. Sie war in Begleitung ihrer Stieftochter, der dreizehnjährigen Erzherzogin Leopoldine, der späteren Kaiserin von Brasilien, die sogleich nach Wien berichtete, daß sie »Töplitz nicht so schön wie Karlsbad« finde. »Aber das Schloß ist ganz hübsch... gestern abends war eine französische Comedie ›La Cloison‹, sie war recht artig und ich unterhielt mich sehr gut.« Und Maria Ludovica, die hier außer einigen Tanten und Onkeln offenbar wenig Bekannte traf, ließ »ihren liebsten Schatz«, den Kaiser, wissen, daß sie sich recht langweile. »Sonst ist fast niemand hier.

Goethe, der Schriftsteller, der auch Geheimer Rath in Weimar ist, und noch einige Personen.« Der Herr von Goethe, welcher der jungen Kaiserin schon in Karlsbad vorgestellt worden war, wurde eingeladen, aus seinen Werken vorzulesen. Bei einem späteren Zusammentreffen in Teplitz – im Juli 1812 – speiste der Dichter des öfteren bei der Kaiserin, die an den anregenden Tafelgesprächen so großen Gefallen fand, daß sie selbst ein kleines Theaterstück verfaßte, zu dem Goethe ihr im Gedankenaustausch den Stoff geliefert hat. »Es würde sehr anmaßlich aussehen«, schreibt er am 19. Juli an seine Gattin, »wenn ich schriftlich erzählen wollte, mit wieviel Gnade und Auszeichnung man mich hier beglückt; das soll also aufs mündliche verspart sein. Fast alle Morgen habe ich das Glück gehabt, der Kaiserin vorzulesen. Sie spricht meistens dazwischen und äußert sich über die bedeutendsten Gegenstände mit außerordentlichem Geist und Origina-

Schloßgarten und Musikpavillon in Teplitz-Schönau. 1914.

Bild linke Seite: Schmuckblatt aus Anlaß der Jubelfeier zum elfhundertjährigen Bestand des Bades Teplitz vom 28. bis 31. 8. 1862.

87

Jux-Postanweisung aus Teplitz-Schönau.

lität. Man kann sich kaum einen Begriff von ihren Vorzügen machen. Ihr werdet über gewisse Dinge, die ich zu erzählen habe, erstaunen, beinahe erschrecken. Schon dreimal war ich zur Tafel geladen. Da ist sie denn womöglich noch heiterer und anmutiger als sonst. Sie neckt diesen und jenen von den Gästen und reizt ihn zum Widerspruch, und weiß der Sache zuletzt immer eine angenehme Wendung zu geben.«

Wie sehr Goethe von der Anmut und dem Geist der jungen Monarchin beeindruckt war, beweist noch deutlicher folgende Notiz: »In der Nähe der Kaiserin von Österreich ist mir mehr Glück und Gutes widerfahren, als ich verdiene. Der Begriff, den ich mir von dieser außerordentlichen Dame in dem Zeitraume von vier Wochen vollständig bilden konnte, ist ein reicher Gewinn fürs ganze Leben.« Jedoch: Nicht nur die Kaiserin, auch deren Hofdame, die Gräfin Josephine O'Donell, hinterließ bei

dem Dichterfürsten, Staatsminister und Charmeur freundlichste Erinnerungen! In einem Billett an die Gräfin bekennt er offen: »Sie haben mir mit Teplitz, mit Böhmen ein Geschenk gemacht, ich sehe nun erst die Natur wieder und fange an, mich derselben wieder von vorne zu freuen.« Bei weitem nicht so galant und artig wie Goethe zeigte sich Ludwig van Beethoven gegenüber Herrschaften von Rang. Die beiden großen Männer hatten sich im Kurbad Teplitz kennengelernt, wo Beethoven im Juli 1812 eintraf und sich als »Partikulier aus Wien« im Fremdenbuch eintrug. Er suchte hier Heilung von seiner Schwerhörigkeit, ohne diese jedoch zu finden. Die Devotion, mit der Goethe seinen Gönnern gegenübertrat, mißfiel ihm außerordentlich. Viel Aufsehen unter den Kurgästen erregte jene Szene in Park – der Historienmaler Carl Röhling hat sie in einem sehr bekannt gewordenen Bild festgehalten –, als Goethe und Beethoven bei einem Spaziergang einer Hofgesellschaft begegneten.

Bettina von Armin, die große Verehrerin Goethes, hat diese eher peinliche Begebenheit sehr ausführlich geschildert: »Bleibt nur in meinem Arm hängen, *sie* müssen uns Platz machen, *wir* nicht‹, sagte Beethoven. Goethe war nicht der Meinung und ihm wurde die Sache unangenehm; er machte sich aus Beethovens Arm los und stellte sich mit abgezogenen Hut an die Seite, während Beethoven mit untergeschlagenen Armen mitten zwischen den Herzögen durchging und nur den Hut ein wenig rückte, während diese sich zu beiden Seiten teilten, um ihm Platz zu machen und ihn alle freundlich grüßten; jenseits blieb er stehen und wartete auf Goethe, der mit tiefen Verbeugungen sie hatte an sich vorbei gelassen. Nun sagte er: ›Auf Euch hab' ich gewartet, weil ich Euch ehre und achte, wie Ihr es verdient, aber jenen habt Ihr zu viel Ehre angetan.‹ – Nachher kam Beethoven zu uns gelaufen und erzählte uns alles und freute sich ganz kindisch, Goethe so geneckt zu haben.«

Etwa um die Mitte des vorigen Jahrhunderts erlitt der Teplitzer Badebetrieb ganz plötzlich gewisse Einbußen. Vor allem blieb – gänzlich unverständlich für Ärzte und Hoteliers, weil ohne ersichtlichen Grund – das elegantere Publikum aus. Die anderen böhmischen Bäder hatten Teplitz-Schönau ganz einfach überflügelt. Daran änderte auch nichts, daß 1858 die Aussig-Teplitzer Eisenbahn eröffnet wurde, mit der die Kurstadt Anschluß an den Weltverkehr fand, und neue Prachtbauten entstanden, etwa 1889 das pompöse Kaiserbad und der Kursalon oder 1874 das von dem berühmten Dresdner Architekten Bernhard Schreiber im Renaissancestil erbaute Stadttheater. Der »Seumepark« mit der Grabstätte und dem Denkmal des Dichters Johann Gottfried Seume (von ihm stammt die köstliche Reisebeschreibung »Spaziergang nach Syrakus«) und die »Payeranlagen« (benannt nach dem gefeierten Sohn der Stadt, dem kühnen Nordpolfahrer und Entdecker des »Franz-Josephs-Landes« Julius Ritter von Payer) wurden zur Verschönerung des Ortsbildes und als Erholungsräume für die Kurgäste geschaffen. Ausgesprochen schädlich für den Fremdenverkehr wirkte sich hingegen das unaufhaltsame Vordringen des Kohlenbergbaues und der Industrie im Teplitzer Talbecken aus, wodurch die einstmals so idyllische Landschaft systematisch zerstört wurde.

Am 13. Februar 1879 traf Teplitz-Schönau ein schwerer Schlag, der beinahe einer vollständigen Vernichtung des Bade- und Kurbetriebes gleichkam: Die Mineralquellen versiegten über Nacht, ihr Wasser ergoß sich unterirdisch in die westlich der Stadt gelegenen Braunkohlenschächte. Bittgottesdienste zur Abwendung des Unglücks wurden an der Urquelle abgehalten und ohne Verzug mit Bohrarbeiten zur Wiedergewinnung der Quellen begonnen. 1882 begann der Wasserspiegel endlich wieder zu steigen, und das Badeleben konnte seinen Fortgang nehmen. Aber die große, die glanzvolle Zeit von Teplitz-Schönau, dieses ältesten böhmischen Heilbades, war vorbei.

Goethe (links) und Beethoven (vorne) im Kurpark von Teplitz-Schönau 1812.
Gemälde von Carl Röhling.

89

Gräfenberg

Zur Zeit, als das Penicillin noch nicht erfunden war, verordneten die Hausärzte ihren Patienten bei Halsentzündung einen sogenannten »Prießnitzumschlag«, ein feuchtes, um den Hals geschlungenes Tuch, um das zusätzlich ein wärmender Schal gewickelt werden mußte. Auch naß-kalte Körperwickel nach der Methode des Naturheilarztes Prießnitz galten als probates Mittel bei verschiedenen Erkrankungen, vornehmlich bei fieberhaften Affektionen. In den Wiener Salons war es um die Mitte des vorigen Jahrhunderts geradezu Mode, über das »prießnitzen« zu diskutieren, dem man eine wunderbare Heilwirkung nachsagte, obwohl die Schulmedizin von den Künsten des schlesischen »Wasserdoktors« damals noch nicht so ganz überzeugt war. Eigenartigerweise aber wußten gerade in der Haupt- und Residenzstadt Wien selbst die eifrigsten Befürworter dieses Naturheilverfahrens noch herzlich wenig über dessen Begründer, seine Herkunft und seine Wirkungsstätte, obwohl sich diese bereits eines lebhaften Zuspruchs von Kranken aus Ungarn, Polen und Deutschland, ja sogar aus Frankreich und Rußland erfreute und auf dem besten Wege war, ein weltbekannter Kurort zu werden.

Vincenz Prießnitz kam am 5. Oktober 1799 als Sohn eines Bauern in dem Bergdörfchen Gräfenberg (heute Jeseník) bei Freiwaldau in Österreichisch-Schlesien zur Welt, jenem malerischen, waldreichen Stückchen Land, das nach dem Hubertusburger Frieden von 1763, mit dem der Siebenjährige Krieg beendet wurde, bei Österreich verblieben war. Schon als Schulbub fiel Prießnitz durch sein hervorragendes Gedächtnis und seine glänzende Beobachtungsgabe auf. Er verfolgte mit Interesse alle Veränderungen, die Witterungsumschwünge bei ihm selbst, bei Pflanzen und bei Tieren hervorriefen. Besonders faszinierten ihn die vielen kleinen, eiskalten Gebirgsquellen, die in der Umgebung seines Dorfes am Fuße der Goldkoppe aus der Erde sprudelten. Es entging ihm nicht, daß verletzte Haustiere überraschend schnell genasen, wenn ihre Wunden mit frischem Quellwasser behandelt wurden. Als er selbst noch als junger Mann bei einem Unfall schwere Verletzungen erlitten hatte – er war unter die Räder eines hochbeladenen Pferdewagens geraten –, bestand er trotz der wütenden Proteste des Dorfarztes darauf, daß ihm seine Mutter Tag und Nacht Umschläge mit kalten nassen Tüchern mache. Und das Unglaubliche trat tatsächlich ein: Vincenz Prießnitz, vom Arzt fast aufgegeben, wurde gesund, noch dazu in verblüffend kurzer Zeit.

Diese geradezu als Wunder angesehene Genesung sprach sich herum und hatte zur Folge, daß Kranke und Bresthafte aus dem ganzen Landkreis nach Gräfenberg wanderten, um gleichfalls mit Quellwasser behandelt zu werden. Der damals neunzehnjährige Prießnitz wurde regelrecht in die Rolle eines »Wasserdoktors« gedrängt, um so mehr, als er sich mit großer Hingabe und Geduld um die Kranken bemühte und sich erstaunliche Erfolge bei Rheuma, Gicht, Bleichsucht, Darmbeschwerden, Geschwülsten und offenen Wunden einstellten. Seine Methoden waren allerdings recht ungewöhnlich: So verordnete er zum Beispiel, wie sein Biograph Franz von Bielau berichtet, einem lahmen Blinden dreimal täglich ein halbstündiges Kopfbad in kaltem Wasser, mit dem Ergebnis, daß sich der Mann bereits nach einigen Wochen wieder ohne fremde Hilfe fortbewe-

gen konnte. Ab 1824 verwendete Prießnitz kalte Waschungen, bald erkannte er auch den Wert feuchter Packungen und des Schwitzens mit anschließendem Bad. Auch verordnete er »Teilbäder« und »kalte Wassergüsse«, und ab 1828 wird von Wassertrinkkuren berichtet.

Mit zunehmendem Bekanntheitsgrad der Heilerfolge erschienen auch Personen höheren Standes, die selbst eine weite Reise nach Gräfenberg nicht scheuten, um sich mit kaltem Wasser behandeln zu lassen. Einer der ersten prominenten Patienten war der Domdechant von Regensburg und

spätere Kardinal von Breslau Melchior Freiherr von Diepenbrock, der Prießnitz gegen alle Anfeindungen verteidigte und auf eine von dem Münchener Professor Horner verfaßte und in der »Münchener Politischen Zeitung« veröffentlichte Schmähschrift kurz und bündig erwiderte: »Ich habe fünfzehn Jahre mediziniert und wurde immer kränker; ein halbes Jahr bei Herrn Prießnitz hat mich geheilt.« Der hartnäckigste Gegner des Wasserdoktors war der schlesische Landesphysikus Dr. Schnorfeil. Er richtete am 6. Juli 1829 an das Troppauer Kreisamt folgende Be-

91

schwerde: »Dieser junge, ungebildete, jeder Wissenschaft gänzlich fremde Mann erdreistet sich, die Leute glauben zu machen, er sei imstande, durch Auflegen und Bestreichen mit einem in kaltes Wasser getauchten Schwamm alle sich ihm anvertrauenden Kranken heilen zu wollen... und es finden sich Leichtgläubige in Mengen, die sich von dieser Dummdreistigkeit, oft zum größten Schaden ihrer Gesundheit, täuschen lassen.« Auch der Stadtarzt von Freiwaldau, Dr. Anton Günther, empörte sich: »Unbegreiflich und zum Schaden unseres aufgeklärten Zeitalters ist es, daß gerade die gebildete Klasse, der höhere Adel, die hochwürdige Geistlichkeit, ansehnliche Staatsbeamte, ja selbst Ärzte, deren Namen ich aus Achtung gegen ihre

Person hier nicht nennen will, dieser Torheit huldigen.«

Das Ergebnis dieser vehementen Anschuldigungen war, daß Prießnitz am 13. Oktober 1829 vom Magistrat Freiwaldau wegen Kurpfuscherei zu einer Arreststrafe von vier Tagen, verschärft durch Fasten und ein hartes Lager, verurteilt wurde. Zwei Jahre später allerdings errang er einen vollständigen Sieg über alle seine Widersacher: Am 21. Jänner 1831 erhielt er die behördliche Erlaubnis zur Führung einer »Kaltwasserheilanstalt«. Hinter diesem, angesichts der gegebenen Umstände doch recht ungewöhnlichen Entgegenkommen stand der Bruder des Kaisers Franz I., der der Naturheilkunde wohlgesinnte Hoch- und Deutschmeister Erzherzog Anton, welcher Prießnitz sogar einmal zur Konsultation nach Wien holte.

1832 zählte man in Gräfenberg bereits mehr als 100 Patienten. Niemand nahm auch nur den geringsten Anstoß daran, anstelle eines noblen Badeortes nur äußerst primitive Quartiere vorzufinden, auch fügte sich jedermann ohne Widerspruch den strengen Anordnungen des Naturarztes. Der spätere Direktor des Wiener Hofburgtheaters Heinrich Laube, der 1833 – damals noch Redakteur der Voß'schen »Eleganten Zeitung« – Gräfenberg besuchte, berichtet in seinen Reisenovellen über die eigenartige Therapie: »Am Morgen nach der Ankunft begann das neue Leben um vier Uhr und die Wasserkur an meinem eigenen Leibe. Man wickelte mich in wollene Decken, warf noch ein Bett über mich und überließ mich meinem Schicksale. Als ich nach einigen Stunden im Schweiße meines Angesichts lechzte, ward mir kaltes Wasser eingeflößt. Es beförderte die Transpiration aufs äußerste, und wenn diese nun den ganzen Körper aufgelöst hat, wird das Deckbett weggehoben, und wie ein weißer Bettelmönch wandelt man in der wollenen Hülle hinaus zu den Bädern. Diese sind meist dicht an den Häusern angebracht und werden fortwährend von dem in Rinnen und Röhren herabkommenden Bergwasser angefüllt, sind also stets lieblich eiskalt und frisch. Als ich in jener Decke meinen Gräfenberger Brautgang hielt, flog mir der Schnee ins Gesicht. Wirklich tritt nach ungefähr einer Minute völlige Erwärmung in dem kalten Wasser ein, die indes bald wieder neuer Kälte weicht. Diese zweite Kälte muß eigentlich abgewartet werden, sie schüttelt innen und außen den Menschen zusammen. Es ist völlig unbegründet, sich dabei vor dem Schlagflusse und dergleichen fatalen Zuständen zu fürchten. Die schwächsten Personen erleiden gefahrlos diesen Wechsel, und man merkt täglich, daß das kalte Bad umso wohltuender wirkt, je gründlicher und heftiger die Transpiration vorher war.«

Prießnitz verlangte von seinen Patienten auch eine radikale Umstellung ihrer gewohnten, meist sehr ungesunden Lebensweise, genau also das, was 150 Jahre später die Ärzte den streßgeplagten Managern dringend empfehlen: einfache Kost und reichliche Bewegung in frischer Luft. Übergewichtigen Herren verordnete er täglich eine Stunde lang Holzhacken, den Damen Getreidedreschen und ausgiebige Spaziergänge »barfuß und mit ungeschnürter Brust«. Bei Tisch gab es stets nur altbackenes Brot. Einem Kurgast, der sich darüber beschwerte, erklärte Prießnitz: »Weil vom frischgebackenen Brot mehr und schneller gegessen wird als vom altbackenen, und das ist schlecht!« Mit grimmigem Humor nannten die Patienten das

Prießnitzsanatorium daher auch mitunter »Frißnixsanatorium«.

1836 erschien im Auftrage der k. k. Hofkanzlei der Leibarzt der Kaiserin Maria Anna, Professor Ludwig Freiherr von Türkheim, in Gräfenberg, um sich über die Kaltwassertherapie zu informieren. Nach achttägigem Aufenthalt meldete er nach Wien: »Prießnitz ist kein Scharlatan. Er ist von reinstem Eifer beseelt zu helfen wo immer er nur kann, und auch mit den vorzüglichsten Eigenschaften hierfür begabt ... Mag die Kuranstalt an Mängeln leiden, mag Prießnitz wenige oder viele geheilt haben, immer bleibt seine Kurmethode in ihren Details eine beachtenswerte Erscheinung auf dem Gebiete der heilenden Kunst.«

Zu dieser Zeit war Prießnitz bereits ein vermögender Mann geworden, der von seinen Patienten mit Geschenken überhäuft wurde. Generöse ungarische Aristokraten sandten ihm sogar Reitpferde und ganze Gespanne, um ihre Dankbarkeit zu zeigen. Er besaß also genügend Geldmittel, um 1838 ein komfortables Kurhotel mit mehreren Dependancen erbauen zu lassen, dem ein Jahr darauf ein prächtiger »Kursalon, 110 Fuß lang und 40 Fuß breit« folgte. Die feierliche Eröffnung am 9. Juni fand mit einer Festtafel und einem rauschenden Ball ihren Höhepunkt. »Abends sieben Uhr wurde der bisherige Speisesaal im hölzernen Hause verlassen, die Fahnen mit den hydropathischen Emblemen (einem Sitzschaffe, einer flatternden Kotze, einem Strohschuh und einem Leintuche) wurden vorangetragen«, schrieb die Troppauer Zeitung. »Es folgten die Herrschaften paarweise in das neue Haus, an dessen Saalthüre Vincenz Prießnitz alle bewillkommend empfing. Der Regisseur des königlichen Hoftheaters in Berlin, Herr G. Weiß, trug schwungvoll ein elf Strophen langes Gedicht vor, das mit den Versen endete:

Auf diesem Hause weile Gottes Segen,
Der Heiterkeit sei dieser Saal geweiht;
Dem Gründer wallt der wärmste Dank entgegen,
Sein Name ist berühmt für alle Zeit.
Wir flehen heiß: Der gute Himmel gebe,
Daß unser Prießnitz lang und glücklich lebe!

Sodann eröffnete Fürst Dolgorucky mit Frau Prießnitz und Prießnitz mit der Fürstin den Ball mit einer Polonaise.«

Für die Ausgestaltung und Verschönerung Gräfenbergs sorgten die Patienten selbst mit einer Art freiwilligen Kurtaxe. Jeder Neuankommende entrichtete einen kleinen Betrag für die »Gesellschaftskasse«. Über die Verwendung des Fonds entschied ein alljährlich von den Gästen gewählter Ausschuß. Auf diese Weise konnten Promenadenwege angelegt, Ruhebänke und Wegweiser aufgestellt und Blumenanlagen geschaffen werden. 1839 erhielt die Kurkapelle, die während der Sommermonate konzertierte, aus diesem Fonds achthundert Gulden. Überhaupt herrschten unter den Gästen durch das zwanglose Zusammenleben und die gemeinsamen Interessen gutes Einvernehmen und beste Laune. Hölzerne Serviettenringe mit lustigen Sprüchen, die man in Freiwaldau kaufte, bezeichneten an der Table d'hôte die einzelnen Sitzplätze. Einer der holprigen Verse lautete:

Sitzt man ohne Zeitvertreib
Im Schaffel mit dem Unterleib,
So glaubt man nach vollbrachter That,
Daß man keinen Unterleib mehr hat.

Im Herbst 1845 besuchte Erzherzog Franz Karl, der Bruder Kaiser Ferdinands I. und Vater Franz Josephs I., die Wasserheilanstalt. Ein Empfangskomitee, dem die Herzogin von Anhalt-Köth und der Komponist Frédéric Chopin angehörten, begrüßte den Erzherzog. Der mexikanische Minister Don José Maria Gutierrez de Estrada hielt die Begrüßungsansprache – jener Mann, der 19 Jahre später den zweiten Sohn des hohen Gastes, den romantischen, gutgläubigen Erzherzog Ferdinand Maximilian, zur Annahme der Kaiserkrone von Mexiko überredete.

Franz Karl zeigte sich über den in wenigen Jahren aus dem Boden gestampften Kurort und die große Anzahl der Patienten sehr erstaunt und bemerkte zu seiner Begleitung: »Das ist ja auf diesem Gräfenberg, scheint mir, wie bei der Fontana di Trevi in Rom. Wer beim Abschied daraus trinkt, den zieht die Nymphe allmählich wieder dahin.« Am meisten aber beeindruckten ihn die zahlreichen Monumente, welche dankbare Kurgäste dem Naturarzt Prießnitz und seiner Kaltwassermethode bereits gesetzt hatten. Es war ja immerhin keine Alltäglichkeit, daß einem Menschen schon bei Lebzeiten solche Ehrungen zuteil wurden. Da stand ein Obelisk der polnischen Gäste mit der Inschrift: »Gott hat ihn begnadet, mit dem einfachsten, wirksamsten Mittel, dem Wasser, die Leiden der Menschheit zu heilen.« Am »Böhmischen Monument« stand zu lesen: »Wasser vor allem. Aus Wasser kam Ursprung, Wachstum und Heilkraft. Und was Thales nur ahnte – Prießnitz hat's glücklich vollbracht.« Ein dankbarer Franzose ließ 1841 eine riesige Pyramide mit der Aufschrift »Au Génie de l'eau froide« errichten, und der »Gilbertstein«, den ein vermögender Brite namens Thomas Marlay Gilbert setzen ließ, trug die Worte: »Sie müssen

Geduld haben« – jene Ermahnung, die Prießnitz immer wieder an ihn gerichtet hat. Im Auftrage mehrerer ungarischer Magnaten schuf der Münchener Bildhauer Ludwig Schwanthaler eine grandiose Bronzeplastik, einen Löwen, das Sinnbild der Kraft und der Gesundheit. Der Spruch am Sockel lautete: »Als der Mensch in seinem Stolze das Wasser, den Trank, der ihm mit dem Tier gemein, zu verschmähen begann, war er früh alt und hinfällig. Prießnitz gab dem Wasser seine frühere Kraft zurück und neu gekräftigt entsteht das Menschengeschlecht. Die Ungarn, welche die Verdienste des Prießnitz, des Wohltäters der Menschheit, würdigen, bringen allen Söhnen ihres Vaterlandes, die in späterer Zeit aus den lebensfrischen Quellen von Gräfenberg trinken, ihre Grüße dar.«

Am 28. November 1851 ist Vincenz Prießnitz gestorben. Er wurde wie ein Fürst begraben. 30 Priester und eine unübersehbare Menschenmenge begleiteten seinen Sarg. Aus allen Teilen der Monarchie und aus dem Ausland waren ehemalige Patienten gekommen, um dem Naturarzt die letzte Ehre zu erweisen. Im Laufe seines Lebens hat er, wie aus den sorgfältig geführten Kurlisten zu entnehmen war, mehr als 40.000 Kranke behandelt. Nach seinem Tode übernahm der Arzt Dr. Josef Schindler die Kaltwasserheilanstalt und den gesamten Gräfenberger Kurbetrieb. Die Weiterentwicklung der Prießnitzschen Heilmethoden durch ihn, wohl auch ihre Befreiung von gewissen methodischen Übertreibungen, bewirkte, daß in den nachfolgenden Jahrzehnten in Gräfenberg selbst – wie auch in vielen anderen Orten – ähnliche Anstalten und Sanatorien entstanden. Der Pfarrer Sebastian Kneipp, der als

»Au Génie de l'eau froide.« Denkmal für Vincenz Prießnitz in Gräfenberg, errichtet von einem dankbaren Franzosen 1841.

todkranker Theologiestudent durch Zufall von Prießnitz und seiner Kaltwasserbehandlung gehört hatte und diese an sich selbst mit Erfolg anwendete, wurde ihr weltweit bekannter Verfechter. Den Wiener Internisten Professor Wilhelm Winternitz aber bezeichnet die Medizingeschichte als den »Vater der wissenschaftlichen Hydrotherapie«. 1903 gründete Winternitz an der Wiener Universität die erste Lehrkanzel dieses Faches. Daneben leitete er, ganz im Sinne des großen Mannes von Gräfenberg, in der Wienerwaldgemeinde Kaltenleutgeben eine Kaltwasserheilanstalt, die um die Jahrhundertwende zu den angesehensten der Monarchie zählte.

95

Pistyan

»Edler und hochwohlgeborener Herr! Cicero sagt richtig, daß es keinen Menschen gibt, den Schmerz und Krankheit nicht berühren würden. So hat auch Dich, edler Mann, vor drei Jahren eine rheumatische Krankheit befallen, die die Ärzte Lumbago nennen. Obwohl Du alle möglichen Mittel anwandtest, um diese Krankheit loszuwerden, obwohl Du verschiedene Bäder besuchtest und die berühmtesten Ärzte Dir ihre besten Ratschläge gaben, stellte sich die gewünschte Wirkung nicht ein. Die Krankheit verbrauchte Deine Kräfte, sie lähmte Dich so sehr, daß die Ärzte und auch Deine Freunde bereits die Hoffnung auf Deine Genesung verloren. Erst auf meinen Rat hin – obwohl ihn viele verwarfen – gingst Du in die Pistyaner Bäder, und diese halfen Dir gleich in wesentlichem Maße. Deine Freunde bewunderten die außerordentliche Wirksamkeit dieser Thermalwässer sehr und wünschten Ursprung, Eigenschaften und Wirkungen dieser Wässer gründlich kennenzulernen.« So beginnt eine Denkschrift über das ungarische (heute slowakische) Heilbad Pöstyén (deutsch Pistyan, slowakisch Piešťany), die der Physikus der königlichen Freistadt Preßburg Justus Johannes Torkos im Jahre 1745 im Auftrage seines hochmögenden Freundes, des Komitats-Assessors Paul Jeszenák, verfaßt hat. Er beschreibt darin im folgenden genau die Lage der Quellen, die chemische Zusammensetzung des Wassers sowie die verschiedenen Therapiemöglichkeiten und gibt schließlich Ratschläge, wie und wann eine Badekur am vorteilhaftesten zu absolvieren sei. Es ist eine exakte wissenschaftliche Darstellung, mit der der gelehrte Dr. Torkos den Schleier der geheimnisvollen Wundertätigkeit gelüftet hat, der seit Jahrhunderten über den Pistyaner Quellen lag. Zwar hatte vor ihm schon ein gutes Dutzend anderer Ärzte und Reiseschriftsteller über Pistyan berichtet, doch konnte keiner von ihnen die Zeitgenossen davon überzeugen, daß es sich bei den erstaunlichen Heilungen um mehr als einen medizinischen Hokuspokus handelt.

Dem kaiserlichen Gesandten Sigismund Freiherrn von Herberstein fiel auf seiner Reise in das Moskowiterland 1551 auf, daß »bey Freystädtl an der Waag« sehr heißes Wasser aus einer Erdquelle sprudelte, deren Ergiebigkeit sonderbarerweise vom Wasserstand der Waag abhing. Der Brünner Arzt Thomas Jordanus wiederum berichtet in seinem 1586 erschienenen »Kleinen Kommentar« über die mährischen und ungarischen Heilquellen von dem schier unausrottbaren Aberglauben, daß das Pistyaner Wasser die Menschen entweder »töte oder heile«. Tatsächlich war man fest davon überzeugt, daß es sich bei jedem Kranken innerhalb von drei Tagen entscheide, ob er sterben müsse oder genesen könne. Auch glaubte man, es sei ein böses Omen, wenn das Wasser während des Bades sich mit einem Häutchen überziehe und sich der Badende gleichsam von unsichtbaren Händen in die Tiefe gezogen fühle. Ein Badegast, der die Warnungen in den Wind schlug, soll tatsächlich nach wenigen Stunden tot gewesen sein. Als feste Regel galt, eine Kur nicht an einem Freitag oder am 13. eines Monats zu beginnen; gute Aussichten auf Erfolg versprach man sich hingegen, wenn eine ungerade Zahl von Bädern genommen wurde. Schwangeren Frauen und total erschöpften und »jeglicher Spannkraft beraubten Personen« war das Baden streng verboten, weil man nicht ohne Grund

Blutstürze und Ohnmachtsanfälle befürchtete. Vollblütigen Patienten empfahl man, nur bei gleichzeitiger Anwendung starker Abführmittel und eines wöchentlichen ausgiebigen Aderlasses die Bäder zu gebrauchen.

Ende des 16. Jahrhunderts zählte Pistyan bereits zu den bevorzugten Bädern, denn Johannes Crato von Craftheim, der Leibarzt dreier Kaiser (Ferdinands I., Maximilians II. und Rudolfs II.), verordnete »in dolore Ischiadico, pro quodam Barone Ungaro«, also einem an Ischias leidenden ungarischen Baron, eine vierzigtägige Badekur. Ein gewisser Adam Trajan, der als protestantischer Pfarrer in Drahovce, einer Nachbargemeinde von Pistyan, wirkte, verfaßte 1642 eine Ode auf die Thermalquellen und erzählt darin von einem Gast hoher Herkunft:

Einst besuchte dies Bad der weise Herzog
von Parma, kriegstüchtig,
Rühmlichst bekannt durch den Krieg
gegen die Belgier geführt,
Als er krank und sich auch geschwächten
Körpers sich fühlte
Anno Fünfzehnhundert und achtzigneun,
auf dass er gesunde.
Seiner Begleiter Schar war gewaltig
und von hinnen
Zog er wieder,
gesund, vollkommen hergestellt.

An anderer Stelle berichtet Trajan, daß es zu jener Zeit noch kein richtiges Badehaus gab und die Kranken in offenen, ungedeckten und mit Laub und Reisig notdürftig ausgekleideten Gruben badeten. Führte die Waag Hochwasser, verschüttete der angeschwemmte Sand die Gruben so vollständig, daß sie neu gegraben werden mußten:

Ansicht des Badeortes Pistyan in Oberungarn. Zeitgenössische Darstellung. Um 1820.

Wieder zu säubern die Gruben
beeilt sich der Bauer,
Alles zu ordnen rasch,
nicht mit langsamer Hand.
Lohn wird gegeben sodann, wie vereinbart,
dem Bauer und Diener,
Mach', dass Du Münzen hast,
Lohn muss für jeden sein!

1721 wurden die Grafen Erdödy Grundherren von Pistyan. Sie erhielten den Besitz von Kaiser Karl VI. zum Geschenk, nachdem der letzte Vorbesitzer, Graf Simon Forgách, ein Anhänger und Mitstreiter des aufrührerischen Franz Rákóczi II., enteignet worden war. Graf Georg Erdödy erklärte sogleich, es künftig nicht dulden zu wollen, »daß die Kurgäste etwas zu ihrer Bequemlichkeit entbehren«, und ließ bei den Badegruben hölzerne Verschläge zum Schutz vor Wind und Wetter errichten. Dabei sollte es allerdings viele Jahre bleiben. Als der Professor Heinrich Johann

97

Gasthof und Casino in Pistyan, rechts die alten Badehäuser. Um 1835.

von Crantz 1772 im Auftrage der Kaiserin Maria Theresia Pistyan inspizierte, konnte er noch keinen nennenswerten Komfort bemerken. Hingegen berichtete er seiner Monarchin von der erstaunlichen Hitze des Wassers, »die allenthalben so groß sei, daß sie in einer Minute ein Ei erhärte und einer Henne die Federn abbrenne«. Mag sein, daß das offensichtliche Interesse der schon älter und kränklich gewordenen Maria Theresia an dem slowakischen Gesundbrunnen die Familie Erdödy zu verstärkter Aktivität anspornte, jedenfalls gab es schon wenige Jahre später »Localitäten zum Gebrauche von Wannenbädern«, ein »Schlammbad«, ein »Judenbad« und ein »für ansehnlichere Leute« bestimmtes »Gehbad«. Um 1790 entstand ein selbst für damalige Begriffe sehr repräsentativer stockhoher Gasthof mit mehreren Fremdenzimmern und Badekammern. Umgeben

von den strohgedeckten Bauernhäusern und Ziehbrunnen, nahm sich dieser Bau – wie er auf alten, bei der Wiener Kunsthandlung Artaria erschienenen Stichen zu sehen ist – geradezu pompös aus. Wer im Gasthof oder in dem kleinen sogenannten »Herrschaftshaus«, der späteren »Parkvilla«, nicht unterkommen konnte, nahm Logis in einem Bauernhaus.

Die Privatquartiere galten allgemein als »recht artig«, wenngleich die Zimmerpreise unverhältnismäßig hoch waren. Zur besseren Orientierung waren die Häuser nicht nur numeriert, sondern trugen verschiedene, zum Teil recht sonderbare Namen wie »Zur Kuh«, »Zum Ochsen«, »Zum Meerfräulein«, »Zur Baßgeige« oder »Zum Berge Aetna«. Aus dieser Zeit stammt auch eine Pistyaner Institution, die sich bis in die Zeit nach dem Ersten Weltkrieg erhalten hat: kleine, zweirädrige geschlossene Wagen, die aussahen wie fahrbare Sänften und von sogenannten »Infanteristen« gezogen wurden. Darin ließen sich gehbehinderte oder oft auch nur bequeme Kurgäste für ein paar Kreuzer vom Quartier ins Bad und wieder zurück fahren.

Was an bescheidenen Badeanlagen vorhanden war, vernichtete am 26. August 1813 ein schreckliches Hochwasser. Die Zerstörungen waren so vollständig, daß der Kurort Pistyan praktisch wieder am Uranfang seiner Entwicklung stand. Immerhin ist die Schnelligkeit staunenswert, mit welcher der damalige Besitzer, der Staats- und Konferenzminister Graf Joseph Erdödy, den Wiederaufbau in Angriff nahm. Der beauftragte Baumeister besaß allerdings nicht das richtige Maß für eine ansprechende Architektur. Die von ihm erbauten Häuser waren armselig und geschmacklos.

Ein Zeitgenosse, der Wiener Arzt Wolfgang Wallisch, der 1818 Pistyan besuchte, spottete, das neue Badehaus sähe »einer Ziegelhütte ziemlich ähnlich«.

1817 durfte Graf Erdödy den Herzog Albert von Sachsen-Teschen als Kurgast begrüßen. Der hochbetagte Grandseigneur und Kunstmäzen, Gründer der Wiener Albertina und Gemahl der Erzherzogin Maria Christine, der Lieblingstochter Maria Theresias, kannte Pistyan flüchtig aus der Zeit her, als er als »Locumtenes« (Statthalter) von Ungarn seine Residenz in Preßburg hatte. Nun kränkelte er schon seit geraumer Zeit an Rheuma, weshalb ihm die Ärzte den Gebrauch des Pistyaner Schlammes empfohlen hatten. Er nahm gewissenhaft täglich ein Schlammbad, änderte aber ansonsten nicht seine Lebensgewohnheiten. Er ging auch während der Kur seinen gelehrten Neigungen nach und verließ das Haus nur höchst selten, und wenn, dann nur bei Morgengrauen zu einem kurzen Spaziergang. Die Kur schlug so vortrefflich an, daß sich der hohe Patient sogar im Winter Pistyaner Schlamm nach Wien bringen ließ. Es ist dies der erste bekannte Fall einer Pistyaner »Hauskur«, die später immer öfters praktiziert wurde, seit die Badediener damit begannen, den Schlamm zu Ziegeln zu pressen, zu trocknen und den Patienten »zur Vervollständigung des Heilerfolges« zu verkaufen. Später wurde der Schlamm in Tongefäßen, Fässern und sogar in Blechdosen in den Handel gebracht. Das Thermalwasser, das gleichfalls in Blechdosen versendet wurde, mußte in erwärmtem Zustand mit dem Schlamm vermischt werden.

1829 ließ sich der in Wien zum Chirurgen ausgebildete Franz Ernst Scherer in Pistyan als »Brunnenarzt« nieder. Das sollte

sich bald als großer Glücksfall für den Kurort erweisen. Scherer wurde der Reformer des Badewesens und gilt heute noch als der Begründer der modernen Pistyaner Balneotherapie. Er war darüber hinaus ein großer Menschenfreund, ein stets wohlgelaunter Mann und feinsinniger Literat:

Mein Beruf ist ernster Art,
Doch mein Sinn ist heiter,
Und was der mir offenbart,
Sing' ich fröhlich weiter

bekannte er in seinem Gedicht »Rechtfertigung«, das er den »teutschen Frauen« widmete. Scherer war bei den Patienten ungemein beliebt und populär. Er stiftete eine Militärbadeanstalt (in der gleichzeitig 20 Offiziere und 100 Mann behandelt werden konnten), sorgte für die Anlage eines hübschen Kurparkes anstelle der ungepflegten Bauerngärten und das Engage-

Kurgäste und Einheimische beim Sonntagsgottesdienst in Pistyan. Um 1835.

99

»Infantrist« zur Beförderung der Kurgäste zum und vom Bad in Pistyan. Um 1910.

ment einer ständigen »Musikbande« für die wöchentlichen »Casinobälle«. Als gewissenhafter Arzt räumte er mit dem alten Schlendrian, besser gesagt mit der Unsitte auf, jede Kur mit Wannenbädern zu beginnen, »aus der Wanne ins Spiegelbad zu gehen, aus diesem durch's Gehbad ins Schlammbad einen selbstbeliebigen Übergang zu machen und zuletzt die Kur wieder mit einigen Spiegelbädern zu schließen«, egal, ob diese Reihenfolge und die viel zu lange tägliche Badedauer dem einzelnen Patienten – im Hinblick auf sein Leiden, sein Alter und seine Konstitution – zuträglich war oder nicht. »So unglaublich es auch scheint, so wahr ist es doch, daß sich viele bloß aus einer übel verstandenen

Ökonomie zu diesem Mißgriff verleiten lassen. Man will seine zehn Kreuzer nicht umsonst bezahlt haben«, notierte er in seinen Erinnerungen. Unter Scherers Aufsicht wurden kurzdosierte heiße Vollbäder eingeführt und das stundenlange Pritscheln im lauwarmen Wasser, »das selbst kleinen Personen selten höher als bis zur Magen- oder Herzgrube reichte«, untersagt.

Ein anderer hochverdienter Badearzt war Dr. Eduard Weiß, einer der Nachfolger Scherers. Er machte durch eine bis dahin nicht gebräuchliche Art der Diagnose von sich reden, der sogenannten »Ektoskopie«, worunter man das Erkennen einer Krankheit durch äußere Betrachtung des Körpers »mit dem unbewaffneten Auge« versteht; heute würde man sagen: durch Blickdiagnose. Durch eine andere, wahrhaft soziale Tat wurde dieser hervorragende Mann für Pistyan unsterblich: Er gründete 1893 ein »Arbeiter-Pensionat« mit dem Namen »Pro Labore« zur kostenlosen Behandlung rheumakranker Industrie- und Bergarbeiter. Die notwendigen Geldmittel hiefür brachte er durch öffentliche Sammlungen und Zuwendungen wohlgesinnter Gönner auf. Zwar konnten anfänglich in der kleinen Kuranstalt, die man aber durchaus als Vorläuferin moderner Rehabilitationszentren ansprechen kann, nur 30 Patienten behandelt werden, doch schon zur Jahrhundertwende standen über 100 Betten zur Verfügung.

Als nobles Gegenstück zu dem eher nüchternen und schmucklosen »Arbeiter-Pensionat« erhielt Pistyan 1912 das großartige Kurhotel »Thermia Palace«, einen Jugendstilpalast, dessen Eleganz sich mit der eines jeden Rivierahotels messen konnte. Der Zulauf an zahlungskräftigen Gästen, vor-

Das »Thermia Palace-Badehotel« in Pistyan. Um 1911.

nehmlich aus Budapest und Wien, war enorm. Nach Saisonschluß 1912 zog Pistyan eine stolze Bilanz: Mit nahezu 17.000 Kurgästen hatte es seine bis dahin höchste Frequenz erreicht. Aber man übersah nicht, daß schlechte Zeiten im Anzug waren. Düstere Wolken zeigten sich bereits am Horizont des europäischen Friedens. 1912/13 brachen die Balkankriege aus, ein Jahr darauf der Erste Weltkrieg.

Schon im Sommer 1914 trafen die ersten Verwundetentransporte von der russischen Front ein, und Pistyan mußte über Nacht auf die Kriegsbedürfnisse umgestellt werden. Nicht nur Hotels und die Häuser der Bäderdirektion füllten sich mit verwundeten Offizieren und Mannschaften, auch alle verfügbaren Privatzimmer wurden vom Roten Kreuz beschlagnahmt. Als am 3. Februar 1917 der deutsche Kaiser Wilhelm II. seine Rückreise vom russischen Kriegsschauplatz in Pistyan unterbrach, um mit dem hier zur Kur weilenden König Ferdinand I. von Bulgarien zu konferieren (zwei Tage vorher hatte der uneingeschränkte U-Boot-Krieg der Mittelmächte begonnen), wurde ihm gemeldet, daß 3000 Verwundete in Pflege stehen. Bis zum Kriegsende sollte die Gesamtzahl auf 60.000 anwachsen. Wenn jemals das Symbol Pistyans – ein Jüngling, der seine Krücken zerbricht – seine Berechtigung hatte, dann war es damals in den schrecklichen Kriegsjahren von 1914 bis 1918.

Trentschin-Teplitz

Das zweite berühmte altungarische Rheumabad liegt rund 50 Kilometer nordöstlich von Pistyan in einem reizenden dichtbewaldeten Seitental der Waag, am Fuße der Kleinen Karpaten. Mit Pistyan gemeinsam hat es die naturwarmen Schwefelthermen und die – aus geschichtlichen und politischen Gründen – mehrmals gewechselte Schreibweise des Ortsnamens. Die Deutschen schrieben »Trentschin-Teplitz« (mitunter auch »Töplitz nächst Trentschin«), die Ungarn »Trencsénteplicz«, die Slowaken nennen es seit 1918 »Trenčianske Teplice«. Angeblich haben schon die Soldaten der II. römischen Hilfslegion Marc Aurels, die in Laugaritium, dem heutigen Trenčin, in Garnison lagen, die Heilquellen gekannt – so wird zumindestens in den Ortschroniken versichert. Beweise dafür gibt es allerdings nicht. Fest steht hingegen, daß im 16. Jahrhundert die Thermen von vielen Kranken aus der näheren und weiteren Umgebung besucht wurden und die Zipser Grafen in »Töplitz« angenehme Sommerferien verlebten. Wer sich damals zur Kur nach Trentschin-Teplitz begab, mußte auf einiges gefaßt sein, was die Dürftigkeit der Badeanlagen betrifft. So tadelt zum Beispiel der uns schon von Pistyan her bekannte Doktor Thomas Jordanus in seinem 1580 in Olmütz gedruckten Werk »Über die Heilwässer und Thermalquellen in Mähren« (in welchem er eigentümlicherweise auch die oberungarischen Bäder beschrieben hat) die »entsetzliche Fahrlässigkeit der Bauern, die zur Verschönerung des Badeortes nichts beitragen«. Auf seine Klage erhielt er die Antwort: »Die Bauern des Dorfes genießen durch ein Privilegium hungarischer Könige das Eigenthumsrecht der Bäder und des Besitzthums, welche wegen Armuth, und weil der Ort beständigen Räubereien ausgesetzt ist, nichts auf die Erbauung der Wohnungen verwenden können oder wollen, und es gesetzlich bestimmt sei, daß kein Fremder ohne Bewilligung des Eigenthümers sich den Grund und Boden zueignen darf.«

1594 ging die oft belagerte, aber nie bezwungene Burg Trentschin (auf der einst König Ludwig I. »der Große« von Ungarn, der Erbauer des österreichischen Nationalheiligtums Mariazell, mit dem Hause Österreich einen Erbschaftsvertrag abgeschlossen hat) samt den dazugehörenden Ländereien und den Teplitzer Heilquellen im Kaufwege an die Grafen Illyésházy über. Von da an durfte sich das Bad durch 241 Jahre des hohen Schutzes und der besonderen Fürsorge dieser angesehenen reichsgräflichen Familie erfreuen. Graf Stephan und seine Nachkommen ließen nicht nur die bereits bekannten Quellen sachgemäß fassen, sie erschlossen auch neue Quellen, bauten Badehäuser und investierten beträchtliche Summen für die Ausgestaltung des Ortes, so daß man die Illyésházys durchaus als die eigentlichen Gründer des Kurbades Trentschin-Teplitz bezeichnen kann. »Der diese hochadelige Familie beseelende Gemeinsinn, und man kann ungeschmeichelt behaupten, ihre unbegrenzte Nächstenliebe, hat den Badeort Töplitz auf achtzig Bauernhäuser anwachsen lassen, worin die weniger Bemittelten ihre möglichst wohlfeile Unterkunft, und alle Badegäste ohne Unterschied die Freiheit, unentgeltlich baden zu können, danksagend finden«, vermerkt mit besonderer Hochachtung ein Doktor Aloys Carl, Arzt aus Ungarisch-Hradisch, in seinem 1826 erschienenen Badebüchlein »Die Schwefelquellen zu Töplitz«. Herrschaften

von Rang logierten im Illyésházyschen Schloß oder im »Curhaus«, woselbst ihnen ein Wundarzt und ein Bademeister zur Verfügung standen. Die Preise waren mäßig – »zivil«, wie man zu sagen pflegte. Im Curhaus bezahlte man für ein Zimmer pro Woche einen Gulden und zwölf Kreuzer. Für ein Mittagmahl wurden fünfundzwanzig Kreuzer, für ein Abendmahl zwölf Kreuzer genommen; ein Maß Bier »von hervorragender Qualität« aus der gräflichen Brauerei kostete drei Kreuzer. Es gab auch ein »Coffehaus« mit Billard, von dem weitgereiste Kurgäste sagten, daß es in puncto Eleganz dem berühmten »Florian« in Venedig durchaus nicht nachstehe.

Wenn man den Chronisten glauben darf, war der Badebetrieb in Trentschin-Teplitz zur Biedermeierzeit heiterer und ungezwungener als in anderen Kurorten des Kaiserstaates, etwa in Karlsbad, wo – nach Meinung des Reiseschriftstellers Adolph Schmidl – »die herrschende strenge Etiquette und Absonderung der Stände der Geselligkeit viel Abbruch thut«. Standesunterschiede und wohl auch Standesdünkel traten hier weit weniger in Erscheinung, konnten es auch gar nicht, badeten doch die Kurgäste jeglichen Ranges und Standes einträchtig miteinander in den Gemeinschaftsbädern. Ausgenommen waren nur Juden und Bettler, die in separate Badehäuser verwiesen wurden. Die armen Teufel mußten mit einem Heilwasser »aus zweiter Hand« vorliebnehmen, denn das »Israelitenbad« und das »Armenbad« wurden nur mit den Abwässern des noblen »Neubades« gespeist.

1835 begann für Trentschin-Teplitz wiederum eine neue Ära. Der letzte Sproß

103

der Familie Illyésházy mußte, offenbar in finanzielle Nöte geraten, seinen Herrensitz, seine Landgüter und die Bäder veräußern. Käufer war der Wiener Bankier Georg von Sina, österreichischer Freiherr griechischer Abstammung, ein Wirtschaftsmagnat vom Scheitel bis zur Sohle, der mit der Einführung von Indigofarbstoff ein riesiges Vermögen gemacht hatte und auch Gründer der Wien-Gloggnitzer Eisenbahn war. Er und sein nicht minder geschäftstüchtiger Sohn Simon waren die Stützen der Wiener griechisch-orthodoxen Gemeinde und galten – nach den Rothschilds – als die zweitreichsten Männer Österreichs. (Im vormärzlichen Wien machte folgender Witz die Runde: Baron Sina senior gab für eine Fahrt von Hietzing in sein Stadtpalais am Fleischmarkt dem Fiaker zwei Gulden Fuhrlohn. Der Kutscher machte ihn höflichst darauf aufmerksam, daß der junge Herr für eine solche Fuhr fünf Gulden zu bezahlen pflege. Worauf Sina trocken antwortete: »Mein Sohn kann sich das leisten, der hat einen reichen Vater.«)

Baron Georg Sina begann in rasendem Tempo Trentschin-Teplitz zu modernisieren. Die Ideen dazu holte er sich in Ischl, der bevorzugten Sommerfrische der Kaiserfamilie. Nichts konnte ihm schnell genug gehen: der Bau größerer Gästehäuser, neuer Wannen- und Duschbäder, neuer,

bisher hier noch unbekannter Moorbäder, gedeckter Wandelhallen und hübscher Parkpavillons. Trentschin-Teplitz sollte nach seinem Willen alle anderen ungarischen Kurorte an Größe und Eleganz überflügeln und eine neue Interessen- und Konsumentengruppe an sich ziehen: das arrivierte Bürgertum und den Geldadel, dem er selbst entstammte. Zu Beginn der Saison 1838 standen bereits 583 Gästezimmer mit 120 Küchen, Stallungen für 190 Pferde und Abstellplätze für 120 Kutschen zur Aufnahme des erwarteten Fremdenzustroms bereit.

1870 trat ein merkwürdiges Ereignis ein. Im Hause des Ortsbäckers in der Parkstraße (der heutigen Gottwaldowa) senkte sich nach einem schweren Unwetter plötzlich der Fußboden der Backstube, stürzte ein, und ein armdicker Strahl heißen, intensiv nach Schwefel riechenden Wassers schoß aus der Erde. Die neue Quelle, die auf so eigentümliche, fast wunderbare Weise zutage trat, hatte eine Temperatur von 40,2 Grad Celsius und erwies sich nicht nur als die heißeste von Trentschin-Teplitz, sondern auch als die weitaus ergiebigste. Sie lieferte pro Tag 2,2 Millionen Liter Thermalwasser. Simon von Sina – der alte Baron hat dieses Naturereignis nicht mehr erlebt – ließ die Quelle fassen und an der Stelle des Bäckerhauses ein

weitläufiges Gebäude, das sogenannte und bis heute nahezu unverändert erhalten gebliebene »Sina-Bad«, errichten. Seit damals besitzt Trentschin-Teplitz ein »Spiegelbad«, das heißt ein Bad, in dem die Patienten direkt in der Quelle, im »Gepritschel«, wie die Badefrauen sagen, baden können, wo die Wirkung des Heilwassers und der Quellgase bei weitem vollkommener zur Geltung kommt als in Bädern, in welche das Wasser erst durch Röhren zugeleitet werden muß. Das an das »Sina-Bad« angebaute Badehotel (heute Heilanstalt »Sina« gegenüber dem riesenhaften Sanatorium »Pax«) galt lange Zeit als das erste Haus am Platz.

Simon von Sinas Tochter Iphigenie, verehelichte Herzogin De Castris und in zweiter Ehe mit dem französischen Grafen D'Harcourt vermählt, setzte, so wie ihr Vater und ihr Großvater, ihren ganzen Ehrgeiz und sehr viel Geld dafür ein, Trentschin-Teplitz zu einem Treffpunkt der Hautevolee zu machen. Persönliche Eitelkeit mag dabei wohl auch eine gewisse Rolle gespielt haben. Die vornehme Welt sollte sich hier nicht nur wohl fühlen, sondern auch durch den beispiellosen Aufwand an Komfort in Staunen versetzt werden. Sie unternahm zahlreiche Auslandsreisen, besuchte die klassischen Badeorte der »Belle Epoque«, Aix-les-Bains, Biarritz, Homburg, Kissingen und Baden-Baden (das damals den Ruf der europäischen »Capitale d'été« genoß und deswegen als Vorbild besonders in Frage kam), um sich Anregungen für neue Attraktionen zu holen. Auf der »Exposition Universelle« 1885 in Paris sah sie das Modell eines türkischen Bades in wunderbarer künstlerischer Ausführung. Der Entwurf dazu stammte von einem Landsmann, dem k.k.

Baurat Franz Schmoranz. Dieser hochbegabte Techniker und Baukünstler war der lebende Gegenbeweis für die oft gehörte Behauptung, man hätte es in der Donaumonarchie nur als Aristokrat oder durch hohe Protektion zu etwas bringen können. 1845 in dem böhmischen Marktflecken Slatiňany in der Nähe von Pardubitz geboren, studierte Schmoranz an der Prager Technik und ging anschließend für einige Zeit ins Ausland. In Ägypten blieb er länger als geplant. Der legendäre Ismail Pascha, der Ägypten um jeden Preis modernisieren und Kairo zum Paris von Afrika machen wollte – und unter dessen Regierung auch der Sueskanal gebaut wurde –, war auf den jungen Baumeister aufmerksam geworden. Er ernannte ihn zu seinem Hofarchitekten und betraute ihn mit dem Bau eines türkischen Herrschaftsbades in der Sommerresidenz Ismailia, dessen Modell in Paris ausgestellt wurde. Für die Wiener Weltausstellung 1873 baute Schmoranz den Khedive-Pavillon, später dann die bischöfliche Residenz in der Adriastadt Zara und eine Anzahl von Prunkvillen in Polen, Böhmen, vor allem in Prag. Er galt zu seiner Zeit als der unbestrittene Fachmann des maurisch-arabischen Baustils und als meisterhafter Zeichner und Entwerfer von orientalisierenden Ornamenten. Würden, Ehrenämter und Auszeichnungen wurden ihm dafür zuteil: Er war Direktor der k. k. Kunstgewerbeschule in Prag, Inspektor der k. k. Technischen Fachschulen, Mitglied der Akademie für Wissenschaft, Belletristik und Kunst, Kuratoriumsmitglied des Prager Kunstgewerbemuseums und Besitzer des Ritterkreuzes des Franz-Josephs-Ordens. Der Sultan Abdul-Aziz verlieh ihm den »Großorden Medjidjie«.

Iphigenie De Castris-D'Harcourt, geborene Freiin von Sina, die Gründerin des türkischen Bades in Trentschin-Teplitz.

Bild linke Seite:
Das türkische Bad »Hammam« in Trentschin-Teplitz.

107

Korso vor dem Kursalon in
Trentschin-Teplitz. 1913.

Iphigenie De Castris-D'Harcourt war von
dem in Paris gesehenen Modell des türkischen Bades so entzückt, daß sie auf der
Stelle nach Ägypten reiste, um den Khediven Ismail Pascha um die Erlaubnis zu
bitten, in Trentschin-Teplitz eine genaue
Nachbildung des Bades »Hammam« errichten lassen zu dürfen.

Der Khedive willigte nicht nur ein, er
beauftragte auch den Hofarchitekten
Schmoranz, die Bauarbeiten zu leiten. Und
so entstand in den Jahren 1886 bis 1888 in
der oberungarischen Provinz das vielbewunderte kulturhistorische Kuriosum
eines traumhaft schönen orientalischen
Bades.

»Beim Eintritt beachtet der Besucher vor
allem die Beleuchtung des ›Hammam‹ aus
drei Kuppeln durch verglaste Rundöffnun-
gen, was den Eindruck eines gestirnten
Himmels erweckt«, schreibt ein Berichterstatter, der bei der Eröffnung dabei war.
Und weiter: »Das Gebäude hat praktisch
keine Fenster, was typisch für maurisch-
arabische Orientalbauten ist. An den Wän-
den placierte der Architekt zwei farbige
Rosetten nach der Art kirchlicher Rosetten. Eine Doppelreihe von Säulen, gemeißelt aus feinstem Sandstein, teilt die Halle
von den Kabinen ab. Die Kabinen sind mit
zierlichen Kacheln ausgelegt, die für diesen
Bau separat angefertigt wurden, und auf

jeder zweiten von ihnen sind die Initialen der Bauherrin zu finden. Das Galeriegeländer ist aus einem einzigen Stück Stein gemeißelt. Die Arabeskenstreifen ziehen sich bis zu den drei Kuppeln, die die obere Wölbung des Baues bilden. In der Mitte der Halle wurde eine Fontaine aus rotem Marmor, und an den beiden Seiten je ein maurischer Ofen placiert. An der Südseite der Halle, die einen vornehmen, gleichsam an einen orientalischen Tempel gemahnenden Eindruck macht, ist der Name des Architekten Schmoranz mit der Jahreszahl in römischen Ziffern ausgemeißelt.« Ursprünglich diente »Hammam« als Wannenbad, insbesondere für Badegäste, »welche das Gesellschaftsbad nicht lieben«. Es war nicht nur das luxuriöseste Bad des Kurortes, sondern auch das teuerste (die kostenlose Benützung der Bäder gab es schon lange nicht mehr), und wer etwas auf sich hielt, besaß im »Hammam« seine eigene Kabine. Um bei der Vergabe bevorzugt zu werden, überboten die Gäste einander mit Trinkgeldern. Geld spielte ja keine Rolle bei den frischgebackenen Ringstraßenaristokraten aus Wien und den Millionären aus Prag, Budapest, Brünn und Mährisch-Ostrau, die sich hier jeden Sommer Rendezvous gaben. Auch die Fürstin Pauline Metternich, die Enkelin des großen Staatskanzlers, zählte zu den langjährigen, regelmäßigen Gästen. »Die erste Dame der Wiener Gesellschaft«, Organisatorin aller großen Wohltätigkeitsveranstaltungen und des Blumenkorsos im Prater, war auch im Kurbad tonangebender Mittelpunkt. Wie in Wien fuhr sie in einem »gepflegten Zeugl«, ließ sich ins Bad oder in die Umgebung kutschieren, übernahm Patenschaften und veranstaltete Sammlungen für die Armen.

Als die Fürstin 1921 starb, hatte Trentschin-Teplitz bereits einen Teil seiner Exklusivität eingebüßt. 1909 hatte Graf D'Harcourt sämtliche ungarischen Besitzungen seiner Familie verkauft. Durch den Besitzwechsel gelangte das Bad an die »Ungarische Heilbäder-Aktiengesellschaft«, die mehr an hohen Übernachtungsziffern und guten Umsätzen interessiert war als an einem noblen Kurbetrieb. Das alte gemütliche »Hotel Teplitz« wurde in ein vierstöckiges Grandhotel umgebaut und die neue, sechs Kilometer lange elektrische Bahn von der Station der Waagtalbahn zum Kurort eröffnet. Bis 1912 stieg die Zahl der Gäste tatsächlich auf 11.000 – ein noch nie dagewesener Erfolg –, und 1913 hieß es im Jahresbericht der Gesellschaft: »Die erreichte fortschrittliche Entwicklung berechtigt auch für die Zukunft zu den schönsten Hoffnungen.« Das allerdings sollte sich als ein Irrtum erweisen. Ein Jahr später war Trentschin-Teplitz nämlich ebenso wie Pistyan zu einer Lazarettstadt für die Verwundeten des großen Krieges geworden...

Balatonfüred

Ungarische Fremdenführer erzählen gerne die Geschichte von der römischen Kaiserin Valeria, die nach dem Tode ihres Gatten, des Kaisers Galerius (305–311 n. Chr.), auf der Plattensee-Halbinsel Tihany gelebt hat und ihrer Mutter Prisca empfahl, im Füreder »Sauerwasser« zu baden, worauf diese wunderbarerweise von einem langwierigen Leiden befreit wurde. Zum Dank erbaute Prisca zu Ehren der Göttin Diana einen prächtigen Tempel – so will es jedenfalls die Überlieferung, obwohl keinerlei glaubwürdige Berichte darüber vorliegen, daß die Römer tatsächlich die Mineralquellen von Füred gekannt haben. Daß aber die Heilquellen schon vor Jahrhunderten von den Einheimischen benützt wurden, ist in der »Neuen Beschreibung einer Reysz von Augspurg nach Constantinopel durch Oestreich, Hungarn u.s.f.« des niederländischen Schriftstellers Matthäus Remigius Lowers, erschienen 1694 zu Utrecht, nachzulesen, wo es über den Plattensee heißt: »Eine halbe stund wegs von der Insul und dem Schloss bey dem Ufer des Blatsees seynd hinter Geröricht zu finden die Tyhaner sauern Wasserquellen; alda sprizen sie in zwo quellen aus einem gräulichten Boden herfür und wülen das erdreych rund umbher auf zu einem etzliche Schrit breyten Moorast; seynd geistig, klar, säuerlich und frisch belebend zu geniessen, und grölzen die Magenwind aus und werden auch darumb von denen hirten und bawersleut gern aufgesuchet.« Genaueres erfahren wir von dem ungarischen Naturwissenschaftler Mátyás Bél, der 1730 über Füred schrieb: »Das Dorf hat zwei Sauerbrunnen, der eine wird zum Trinken, der andere zum Baden genutzt. Zu letzterem gehört auch ein kleines Gebäude, in dem das Sauerwasser zum Baden erwärmt wird.

Der gute Ruf der Heilquellen lockt vor allem im Mai viele Menschen an, und da es außer den beiden kleinen Häuschen in der Nähe keine andere Zuflucht vor Regen und Sonne gibt, campieren die Besucher an vielen Plätzen verstreut in Zelten.«

Damals begannen sich die hochwürdigen Herren der benachbarten Benediktinerabtei Tihany für die Heilquellen zu interessieren. Unter ihrem tatkräftigen Abt August Lécs pachteten sie 1749 die Quellen »samt den Badehäusern, den darin befindlichen Kesseln und Kupfertöpfen zum Wasserwärmen, Badewannen etc.«. Später erwarben sie das gesamte Territorium käuflich und errichteten 1765 darauf das erste große Steingebäude, das sogenannte »Alte Badehaus«, den Vorläufer des heutigen Herzkrankenhauses. Das Gedeihen des kleinen Kurbades wurde ganz empfindlich durch die Folgen eines gewaltigen Unwetters gestört, das am 8. Mai 1775 über dem Nordufer des Plattensees niederging. Die vom Himmel stürzenden Wassermassen beschädigten die Häuser und Kulturen und überschwemmten auch die Heilbrunnen, wuschen sie aus und machten sie nahezu unbrauchbar. Die Güte des Mineralwassers sank dermaßen ab, daß sich die königliche Statthalterei (die damals noch in Preßburg ihren Sitz hatte) wegen der massiven Beschwerden der Kurgäste genötigt sah, die Reinigung der Heilquellen und ihre zweckmäßige Fassung amtlich anzuordnen. Auch eine erste qualitative Analyse des Wassers erfolgte; sie wurde von Professor Johann Heinrich von Crantz vorgenommen und 1777 in dem Standardwerk »Die Gesundbrunnen der Österreichischen Monarchie« veröffentlicht. Die Kaiserin Maria Theresia selbst hatte in ihrer landesmütterlichen Anteilnahme an den Heil-

quellen, diesen »natürlichen Gesundheitsapotheken« ihrer Erblande, dem Gelehrten
den Auftrag dazu erteilt.

Ursprünglich verwendete man das Füreder
Heilwasser hauptsächlich zur Behandlung
von Magenkrankheiten. Auch Lungen-
schwindsucht versuchte man mit einer
Mischung von Heilwasser und Schaf-
milchmolke zu kurieren. Anfangs des
19. Jahrhunderts stellten die Ärzte fest, daß
sich das stark kohlensäurehaltige Wasser
mit seinen Zusätzen an Lithium, Kalzium
und Glaubersalz auch zur Herztherapie
ausgezeichnet eignet. Damit verschaffte
sich Füred endgültig den Durchbruch zum
anerkannten Kurort, zum »Mekka der

Herzkranken«, wie die Ungarn nicht ohne
Stolz zu sagen pflegen. Aber noch etwas
anderes entdeckten die Mediziner: Der
Plattensee, das »Ungarische Meer«, hat
einen für Süßwasser überdurchschnittlich
hohen Salzgehalt, und der aus dem See
gewonnene bleigraue Schlamm erwies sich
als ein kräftiges äußerliches Reizmittel, das
bei Gicht, Rheumatismus und Lähmungen
hervorragende Heilwirkungen zeigt.

Viel zur Wertschätzung Balatonfüreds, wie
der Kurort etwa ab der Mitte des vorigen
Jahrhunderts allgemein genannt wurde,
trugen sein mildes Klima und seine hübsche Lage an dem in majestätischer Ruhe
daliegenden Plattensee bei. Während näm-

lich das südliche Seeufer völlig flach ist und daher von den Reisenden wenig geschätzt wurde, ist das gegenüberliegende nord-westliche Ufer durch malerische Hügel-ketten – Ausläufer des Bakonywaldes – begrenzt und von diesen gegen die kalten Nordwinde geschützt. Weinkenner wer-den an die vorzüglichen Weißweine erin-nert, die aus dieser Gegend kommen: den »Badacsonyer«, den »Csopaker« und den »Szent-Györger«.

Mittelpunkt des Kurbetriebes war der Brunnenplatz mit der »Ersten Haupt- und Trinkquelle«, die seit dem Jahre 1852 »zum Andenken der beglückenden Anwesenheit Seiner Majestät des Kaisers« den Namen »Franz-Josephs-Quelle« führte und später in »Kossuth-Quelle« umbenannt wurde. »Besonders in den Morgenstunden von sechs bis acht und abends von fünf bis sieben scheint er der beliebteste Zentral-punkt der hiesigen Gäste zu sein«, schrieb 1836 der Arzt Dr. Carl Ludwig Sigmund. »Während dieser Zeit genießt man deut-sche und Zigeunermusik; für Liebhaber des Spiels stehen Tische in Bereitschaft, auch Lotteriespieler aller Marken und Far-ben treiben ihr Wesen, indessen der Kur-gast auf- und abspazierend nach Belieben zum Brunnen tritt und sich das frisch-geschöpfte Glas reichen läßt.«

Dem ersten, von den Benediktinern erbau-ten Steinhaus folgte das gleichfalls der Abtei Tihany gehörende »Neue Badehaus« mit 32 Fremdenzimmern, der erste richtige Gasthof Füreds überhaupt. Mehrmals um-gebaut und vergrößert, erhielt er 1848 – nun schon »Grandhotel Balatonfüred« genannt – unter dem Abt Béla Bresztyen-sky ein verschwenderisch eingerichtetes Kaffeehaus, das dem berühmten Pester Literaten- und Studentencafé Pilvax nach-

NAGY VENDÉGLŐ ÉS HORVÁT-HÁZ.

SZÍNHÁZ.

ÁTMENET TIHANYRÓL SZÁNTÓDRA.

BADACSONYI ÖBÖL ÉS TÁJÉKA.

CSOBÁNCZ.

A FÜREDI KÁPOLNA.

KESZTHELY.

gebildet war. Das größte Hotel aber, nicht nur des Kurortes, sondern des ganzen Komitats, eröffnete 1790 eine Familie Horváth. Dieser im josephinischen Stil errichtete Prachtbau hatte drei Stockwerke und 84 Appartements, »deren viele auf das Netteste und Bequemste, aber alle rein hergestellt« waren. Von den südwärts gelegenen Zimmern genoß man eine herrliche Aussicht auf den Plattensee, in den Parterrelokalen standen eine »marchande des modes« und ein »maitre tailleur« den Gästen zu Diensten. Am 26. Juli 1825 veranstaltete die Familie Horváth zu Ehren ihrer Tochter Anna den ersten »Annenball«. Er war ein so großer gesellschaftlicher Erfolg, daß er fortan alljährlich wiederholt wurde und als der Höhepunkt jeder Füreder Sommersaison galt. Junge Damen der ungarischen Aristokratie und vornehme Bürgerstöchter aus Pest und Preßburg besuchten diesen »Eliteball«, um Bekanntschaften zu machen oder sich einen Partner fürs Leben zu ertanzen. Anna Horváth, der Tochter des Hauses, war das Glück nicht hold: Sie verliebte sich bei einem der Bälle in den schneidigen Husarenoffizier Baron Ernö Kiss aus Temesvar, der sich später als General den Achtundvierziger-Revolutionären anschloß und 1849 in Arad hingerichtet wurde.

Eine merkwürdige Anziehungskraft übte Balatonfüred auf Dichter, Schriftsteller und Politiker aus. Berühmte, zum Teil noch heute in Ungarn unvergessene Namen tauchen auf: Ádám Pálóczi Horváth, der sich 1785 inmitten der Weingärten ein Sommerhaus erbauen ließ; Dániel Berzsenyi, Mihály Csokonai, János Garay, Gergely Czuczor, die im ausgehenden 18. Jahrhundert und in der Biedermeierzeit (welche von den Ungarn die »Reformzeit«

genannt wird) die Wohltat der Mineralbäder lobten und Füred, Tihany und dem Balaton Gedichte widmeten; der Dichter Géza Gárdonyi und der englische Reiseschriftsteller John Paget, die in ihren Erzählungen der rauschenden Annenbälle gedachten; und schließlich aus der übrigen Dichterschar, die alle Jahre wieder hier Muße und Erholung suchte: der politisch engagierte Mihály Vörösmarty, der Slowake Pál Hvieszdoslav Országh und der Schwejk-Autor Jaroslav Hašek.

Geistiges Oberhaupt der in den zwanziger und dreißiger Jahren des vorigen Jahrhunderts am Balaton versammelten Literaten war der »Dichterfürst« Sándor Kisfaludy. Seinem Einfluß verdankte Balatonfüred die Errichtung eines Sommertheaters. Das Grundstück für das »Füreder Steinhaustheater« stellte die Abtei Tihany zur Verfügung, der Schloßherr von Keszthely, Graf Festetics, spendete einen Großteil des Baumaterials. Für den Rest der Kosten veranstaltete Kisfaludy öffentliche Sammlungen. Im Sommer 1831 wurde das Theater, über dessen Portal die Worte »Patriotismus für die Nationalität« prangten, mit einer Festvorstellung einer ungarischen Theatertruppe eröffnet. Balatonfüred hatte damit die erste ungarischsprachige Bühne erhalten. Zu dieser Zeit bezog Ungarn seine Kulturimporte noch ausschließlich vom Westen, insbesondere aus Wien, und selbst Pest besaß damals nur deutschsprachige Bühnen. (Das Ungarische Nationaltheater in Pest öffnete seine Pforten erst 1837, sechs Jahre nach dem Füreder Theater.) Kisfaludy, dem Dichter und Theatergründer, wurde 1860 im Kurpark ein Denkmal gesetzt, welches bei der Bevölkerung und den Badegästen so wenig Anklang fand, daß es stillschweigend wieder abgetragen und 1887 durch ein anderes, schöneres Standbild ersetzt wurde.

Nicht weit vom Kisfaludy-Denkmal entfernt steht die Mamorstatue des Grafen Stephan Széchenyi. Auf dem Sockel ist ein Ausspruch eingemeißelt, den der »größte Ungar« einmal getan hat: »Der arbeitsmüde Mensch fühlt in seinen Adern neues Leben, wenn er den Wasserspiegel des Balatons erblickt.« Széchenyi, der kluge und besonnene ungarische Patriot, dessen Geburtshaus in der Wiener Herrengasse steht, führte seinen Ehrentitel nicht umsonst: Er initiierte die Schiffbarmachung der Donau am Eisernen Tor, er ließ die Budapester Kettenbrücke, die erste feste Verbindung zwischen den Städten Pest und Ofen, erbauen, er war der Mitbegründer der »k. k. priviligierten Ersten Donau-Dampfschiffahrts-Gesellschaft« und erster ungarischer Eisenbahnminister. Mit seinem 1830 erschienenen Buch »Kredit«, in welchem er seine Gedanken über eine längst fällige Wirtschaftsreform in Ungarn niederlegte, wurde er schlagartig zum berühmten Mann, zu einer Führergestalt für weite Schichten der Magyaren. Er verbrachte einen Teil seiner Jugend am Balaton, wo in Arács, ganz in der Nähe von Füred, das Sommerschloß der Familie stand. Daher fühlte er sich zeit seines Lebens mit der Seelandschaft innig verbunden. Immer wieder beschäftigte er sich mit seiner Lieblingsidee, die Dampfschifffahrt auf dem Balaton einzuführen. Dem gewiegten Politiker und glänzenden Versammlungsredner fiel es nicht schwer, die Grundbesitzer der Seeregion vom Nutzen des Schiffsverkehrs zu überzeugen. Flugblattaktionen taten das übrige, um auch die Landbevölkerung für den Plan zu gewinnen. Am 27. Dezember 1845 fand im Fest-

Kurpark und Musikpavillon in Balatonfüred. Im Hintergrund die Badeanstalt. Um 1900.

saal des Horváth-Hauses die erste Generalversammlung der neugegründeten »Balatoner Dampfschiffahrts-Gesellschaft« statt. Der Graf wurde zum lebenslänglichen Präsidenten gewählt und der radikale Politiker Ludwig Kossuth – Advokat von Beruf und auch ein großer Freund Füreds – mit der Abfassung der Satzungen betraut. In der Zwischenzeit ließ die Gesellschaft bereits ihr erstes Schiff in der Donauwerft Óbuda erbauen. Es wurde auf Vorschlag Széchenyis auf den Namen »Kisfaludy« getauft und am 21. September 1846 unter donnern-

den »Eljens« einer riesigen Zuschauermenge vom Stapel gelassen. Eine Pester Zeitung kommentierte das Ereignis mit der Bemerkung, daß »der alte Balaton nun endlich ein bißchen aufgefrischt« würde. Am 1. Mai 1847 begann der fahrplanmäßige Schiffsverkehr zwischen Balatonfüred, Siófok und Keszthely.

Fast parallel mit der Dampfschiffahrt entwickelte sich der Segelsport am Balaton. Auch dazu gab der unermüdliche Graf Széchenyi den Anstoß. Seine in England erbaute Jacht »Herczegnö« (»Fürstin«) war der erste seetüchtige Sportsegler, der auf der Wasserfläche des »Ungarischen Meeres« kreuzte. Auch der damalige britische Generalkonsul in Pest, Gossling, ließ aus London ein Prachtexemplar einer eleganten, schnellen Jacht an den Balaton kommen. Ein anderer Engländer, der passionierte und wohl auch vermögende Sportsmann Richard Young, ging noch einen Schritt weiter: Er machte – von Balatonfüred und dem See begeistert – den Kurort für einige Jahre zu seinem Wohnsitz, ließ erfahrene englische Werftarbeiter nach Ungarn kommen und begann in eigener Regie Segelschiffe zu bauen. Seine Jachten waren für den Plattensee, der bei stürmischem Wetter ein recht gefährliches Gewässer sein kann, geradezu »maßgeschneidert«. Die Grafen Franz Nádasdy, Michael Eszterházy von Galantha, Ladislaus Károlyi von Nagy-Károly, Géza Ándrássy und viele andere zählten zu Youngs Kunden. 1867 machte Széchenyis Sohn Balint von sich reden, als er mit seiner Jacht von Balatonfüred aus auf dem Wasserweg nach Paris zur Weltausstellung fuhr und dort bei seiner Ankunft mit zwölf Böllerschüssen empfangen wurde. (Nur zwischen der Donau und der Oder mußte der junge Sportsmann sein Boot auf dem Landweg transportieren lassen. Damit markierte er – so sagen die Ungarn – schon damals den bis heute nicht ausgebauten Donau-Oder-Kanal.) 1884 wurde in Balatonfüred der erste ungarische Segelklub gegründet. Zu Ehren seiner hohen Protektorin, der Kronprinzessin, nannte man ihn »Stephanie Yacht-Club«. Er gehörte zu den größten und exklusivsten Sportvereinigungen Österreich-Ungarns. »Die Regattasaison erstreckte sich vom 15. Mai bis zum 15. September jeden Jahres«, erzählt der Marinehistoriker Wladimir Graf Aichelburg. »Die Segelwettfahrten waren meist mit wertvollen Ehrenpreisen (nicht selten über tausend Gulden) dotiert; daneben gab es noch zahlreiche kleine, meist rasch improvisierte Regatten einzelner Mitgliedergruppen untereinander.«

Ein Kaleidoskop jener glänzenden, längst versunkenen Epoche Balatonfüreds, das auch zum Sportzentrum der ungarischen »beau monde« geworden war, bietet das »Jokai-Museum« in der ehemaligen Sommervilla des populären Romanciers Maurus Jokai, des »ungarischen Balzac«. Vergilbte Familienfotos, Briefe, Bilder aus der Zeit der ersten Eisenbahnzüge, die am Balaton ankamen, der ersten Dampfschiffe, Plakate usw. gewähren einen Einblick in das damalige gesellschaftliche Leben. Gleich beim Eingang eine Photographie von Johann Strauß mit der eigenhändigen Widmung des Walzerkönigs vom 5. Jänner 1894: »Dem hochverehrten genialen Poeten, Herrn Mór Jokai.« Jokai, Jugendfreund Sándor Petöfis, Chefredakteur einer führenden Budapester Zeitung, Reichstagsabgeordneter und amüsanter Erzähler, hatte Strauß anläßlich eines Zusammentreffens in Budapest auf seine Novelle »Saffi« aufmerksam gemacht, die Geschichte eines Zigeunermädchens aus der Zeit nach der Türkenbefreiung, die später die Grundidee zur Operette »Der Zigeunerbaron« lieferte.

Wenige Schritte vom Jokai-Museum entfernt steht die »Blaha-Villa«, ein behäbiges, säulengeziertes Haus, benannt nach dem einstigen Liebling des Budapester Theaterpublikums und »ewigen Mitglied des Nationaltheaters« Lujza Blaha, die hier zusammen mit ihrem dritten Gatten, dem Baron Ödön von Splenyi, von 1893 bis 1916 gewohnt hat. Auch ihr haben die begeisterungsfähigen Magyaren einen Ehrentitel verliehen. Sie nannten sie die »Nachtigall der Nation«.

Maurus Jokai, der populäre Romancier, auch der »ungarische Balzac« genannt.

Lujza Blaha hat Balatonfüred im Kriegsjahr 1916 verlassen. Damals waren auch die Tage der österreichisch-ungarischen Monarchie bereits gezählt. Fünf Jahre später, im Oktober 1921, vollzog sich in unmittelbarer Nähe des Kurortes der allerletzte Akt des habsburgischen Königtums. Kaiser Karl I., als König von Ungarn Karl IV., und seine Frau Zita wurden nach dem zweiten gescheiterten Restaurationsversuch von den Abgesandten Admiral Horthys in das Kloster Tihany gebracht, wo sie die beiden letzten Tage auf heimatlichem Boden verbrachten, ehe sie von dem britischen Kanonenboot »Glowworm« donauabwärts in die Verbannung geführt wurden.

117

Herkulesbad

»Attanasi R., Grundbesitzer aus Serbien, 32 Jahre alt, zartes schlechtgenährtes Individuum, litt viele Jahre an Wechselfieber, worauf bedeutende Milzhypertrophie und Bauchwassersucht folgten. Derselbe gebrauchte im Sommer 1856 das Ludwigsbad und den Josefsbrunnen, und verließ nach einer sechswöchigen Kur gänzlich hergestellt die Anstalt.«

»Achmet M., türkischer Gutsbesitzer aus Rumelien, 30 Jahre alt, großer starker Mann, dem Genusse geistiger Getränke sehr ergeben, seit 15 Monaten vor dem Badegebrauch an sehr schmerzhafter rechtsseitiger Ischias leidend und deshalb des Gehens unfähig, wurde im Sommer 1857 durch 40 Ludwigsbäder vollkommen hergestellt.«

Das waren zwei jener verblüffenden Heilungen, über die der k. k. Badearzt Dr. F. Klein in seinem 1858 in Wien erschienenen Buch »Die Herculesbäder nächst Mehadia« berichtet hat. Nicht weniger als 18 heiße Quellen (von denen später allerdings nur neun benutzt wurden) machten es durch ihre unterschiedliche chemische Zusammensetzung möglich, daß hier die verschiedenartigsten Krankheiten, angefangen von Rheumatismus, Gicht und Rachitis bis zu Frauenleiden, Gallen-, Nieren- und Blasenleiden, Syphilis und Nervenkrankheiten mit Erfolg behandelt wurden und sogar Melancholie vertrieben werden konnte.

Herkulesbad (die Ungarn nannten es »Herkulesfürdö«, die Rumänen sagen heute »Baile Herculane«), an der schäumenden Cserna an den südöstlichen Ausläufern der Karpaten im ehemaligen Grenzgebiet zur Türkei gelegen, hat eine bemerkenswerte Geschichte. »Die Fürtrefflichkeit der Bäder ist nicht bloß eine Erscheinung weniger Jahre; schon sechzehn Jahrhunderte vor uns, schon das alte Rom kannte ihre Heylungskraft: Römer vom vorzüglichsten Adel, aber auch von den empfindlichsten Uebeln ihrer Körper darnieder gedrückte Römer kamen dahin, suchten Hilfe, suchten Genesung, immer das schätzbarste Geschenk dieses Lebens, und sie fanden sie auf die erwünschlichste Weise«, schrieb der Arzt Johann Michael Stadler, der 1776 im Auftrage der Kaiserin Maria Theresia die Quellen erforscht hat. Die Römer waren es auch, die dem Badeort den bis heute erhalten gebliebenen Namen gegeben haben. Sie nannten ihn nach dem Gott der Arzneikunst, der Manneskraft und des Sieges »Ad aquas Herculi sacras« und errichteten dem Schutzgott rings um die Quellen Denkmäler, wie die Votivtafeln bezeugen, die man später aus dem Erdreich grub. Auch sieben Bildsäulen wurden gefunden und 1755 nach Wien verfrachtet. Sie haben ihr Ziel allerdings nie erreicht, denn bei Ofen stürzten sie vom Schiff in die Donau und blieben verschollen.

In den Stürmen der Völkerwanderung wurde Herkulesbad vernichtet und geriet für lange Zeit in Vergessenheit. Selbst die Muselmanen, die das Land 300 Jahre beherrschten und warme Bäder wohl zu schätzen wußten, taten nichts, um die Badeanlagen zu erneuern. Erst nach dem Sieg des Prinzen Eugen von Savoyen über die Türken und dem Frieden von Passarowitz 1718, als das Temesvarer Banat Österreich zugeschlagen wurde, entdeckte man wieder das alte römische Bad. Der österreichische Gouverneur General Claudius Florimund Graf Mercy soll der erste gewesen sein, der in den aufgefundenen heißen Quellen badete. Er selbst erinnerte sich:

»Sogleich sammelten sich Bläschen auf meiner Haut, diese angenehm reizend und belebend. Ein wunderbares, lang entbehrtes Gefühl der Mattigkeit beschlich mich, dem ich mich ohne Widerstand überließ.« Mercys Nachfolger, der General-Feldwachtmeister Graf Johann Andreas Hamilton, erstattete 1736 an Kaiser Karl VI. einen eingehenden Bericht über das Herkulesbad und gab Befehl, die Quellen in gebrauchsfähigen Zustand zu setzen und einen Badeort für das Militär zu errichten. Unter dem Kommando kaiserlicher Offiziere wurden die jahrhundertealten Wälder gerodet, feste Wohnstätten, eine Kirche, drei Kasernen und ein Einkehrwirtshaus gebaut und die verfallenen römischen Badebecken freigelegt.

Zweimal wurde die begonnene friedliche Aufbauarbeit empfindlich gestört und zum größten Teil wieder zunichte gemacht. 1737 überfluteten in dem neuerlich ausgebrochenen Krieg plündernde und brandschatzende Türkenschwärme Herkulesbad und das Csernatal. In den kaiserlichen Lagern wütete die Pest – das Unheil war grenzenlos. Was heilgeblieben war, wurde schließlich im letzten Türkenkrieg 1788/89 vernichtet. Wiederum stießen die Osmanen unbehelligt von den Österreichern durch das Csernatal nordwärts, schlugen in Herkulesbad alles kurz und klein und verschleppten die Bewohner. Kaiser Josef II., der zweimal in seinem Leben – allerdings aus militärischen Gründen und nicht seiner Gesundheit wegen – Herkulesbad

Der Hauptplatz in Herkulesbad. Rechts der Franzenshof und das Ludwigsbad, links das Militärkommando und der Bazar. Im Hintergrund der Brunnen und die Kirche. Um 1860.

militärs, präzise gesagt des k. k. Landes-Generalkommandos in Temesvar und des 13. Grenzregimentskommandos, begann nach und nach der neue »ärarische Badeort« Herkulesbad zu entstehen. In der Zeit bis etwa 1880 wurde der Badeort mit beträchtlichen Geldmitteln so aufgebaut, wie er sich dann bis zum Zweiten Weltkrieg nahezu unverändert erhalten hat. Fast jedes Gebäude, egal ob Hotel, Kuranstalt, Bad oder Brunnenhaus, erhielt den Namen eines Mitgliedes des Kaiserhauses: 1810 entstand das »Ferdinandsbad«, 1824 das Hotel »Franzenshof« mit 80 Zimmern, 1826 das »Karolinenbad«, 1838 das Hotel »Ferdinandshof« mit 85 Zimmern und zehn Küchen (offenbar für Herrschaften mit Dienerschaft), 1846 anstelle des alten »Schindelbades« das prächtige »Ludwigsbad« und 1847 die Kuranstalt »Theresienhof«. Das »Ferdinandsbad«, das den Ansprüchen bald nicht mehr genügte, mußte 1859 dem eleganten »Elisabethbad« weichen. Daneben wurden zahlreiche andere Häuser gebaut, wie das »Militärgebäude« für »5 Offiziere und 140 Gemeine«, ein Sanatorium für bettlägerige Kurgäste und die »Baracke« für mittellose oder besonders sparsame Patienten. Auch das alte »Franzosenbad«, in dem die »französische Krankheit« oder »Venusseuche« behandelt wurde und sogar Fälle geheilt werden konnten, »wo die Krankheit bereits so weit gediehen ist, daß ihr selbst ein geschickter Regiments-Chyrurgus nicht mehr Einheit thun konnte«, wurde modernisiert und umgebaut. Eine Reihe gut eingerichteter Kaffeehäuser und ein Spielsalon sorgten für den Zeitvertreib der Gäste.

Die beiden größten und wohl auch teuersten Hotels waren das zu Kaisers Geburtstag am 18. August 1861 eröffnete Hotel

besucht hat, mußte mit ansehen, wie sein »geliebtes und eifersüchtig gehütetes Banat« verwüstet wurde. Den am 4. August 1791 zustande gekommenen Frieden von Sistowa hat er nicht mehr erlebt...

Erst fünf Jahre nach Kriegsende wagte sich ein beherzter Grenzerhauptmann mit seinen Männern in die verödete Gegend des Herkulesbades. »Das Bild, das sich ihm darbot, war alles andere als erfreulich, allerorten Verwilderung, die Ruinen von Unkraut überwuchert, der Kurort selbst ein Aufenthalt von Räubern und wilden Tieren«, schreibt der Chronist Vasile Stoica in seinem Buch »Die Leiden Siebenbürgens«.

1801 wandelte sich alles zum Besseren. Unter der Schirmherrschaft des Grenz-

»Kaiser-Franz-Josephshof« mit 116 elegant möblierten Zimmern, »davon dreiunddreißig mit Balkon« (wie ein alter Reiseführer ausdrücklich vermerkt), und das Hotel »Rudolfshof« mit 118 Zimmern und vier Küchen, welches zehn Jahre später, 1871, seine Pforten öffnete. Zwischen diesen beiden feudalen Touristenpalästen lag ein sorgsam gepflegter Blumengarten mit Springbrunnen, ein zierlicher Musikpavillon und ein im orientalischen Stil gehaltener Kursalon, der mit den Hotels durch Wandelgänge verbunden war. »Des Abends, wenn der Mond hinter den Felsen erscheint und sein magisches Licht auf die bewaldeten oder kahlen Bergpartien wirft, nimmt sich der illuminierte Salon, aus der Ferne gesehen, märchenhaft schön aus«, schwärmte ein Kurgast in einem Brief nach Hause. »Die bald wilden, bald sehnsüchtigen Weisen des von Zigeunern meisterhaft gespielten Csárdás, in den Pausen das Aufjauchzen und Schluchzen der Nachtigallen, das Aufleuchten der Johanniskäfer, das laute Murmeln des Wassers verleiten uns, einer süßen Träumerei nachzuhängen, aus welcher wir hie und da durch die plaudernden Vorüberwandelnden gestört werden, welche in allerlei bunte Trachten, vornehmlich von der Balkanhalbinsel her gehüllt sind: die vornehme Rumänin nach der neuesten Pariser Mode, die Banater rumänische Bäuerin in ihrer malerischen Nationaltracht, die Serbin im kurzen goldgestickten Jäckchen und dem Fez auf dem Kopfe, die Türkin in Mantel und Schleier vermummt, an der Hand Türkenkinder, welche sich höchst possierlich in ihren weiten Pantalons und gelben Pantoffeln ausnehmen.«
Kaiser Franz Joseph besuchte zweimal Herkulesbad. Zum ersten Mal als junger

Der Herkulesbrunnen, errichtet 1847. Die Statue wurde aus dem Metall türkischer Kanonen gegossen.

121

Das Herkulesbad um 1908.

Mann im Jahre 1852 anläßlich einer Rundreise durch das nach der Revolution von 1848/49 wieder befriedete Ungarn. Der zweite Besuch fand erst nach mehr als 40 Jahren statt. Anlaß dazu bot die Eröffnung des »Eisernen Tores« für die Donauschifffahrt, der Franz Joseph gemeinsam mit den Königen Carol I. von Rumänien und Alexander von Serbien beiwohnte. Nach den Feierlichkeiten am 27. September 1896, bei denen der Kaiser die ansonsten nur selten angelegte ungarische Generaluniform trug, begaben sich die Majestäten von Orsova nach dem nahegelegenen Herkulesbad, wo ihnen von der Bevölkerung und den Kurgästen ein jubelnder Empfang bereitet wurde. (Im Ortsmuseum werden noch heute die mit Elfenbein und Metalleinlegearbeiten verzierten Möbel gezeigt, die von Franz Joseph während seines

kurzen Aufenthaltes benutzt wurden.) Während sich Alexander von Serbien noch am gleichen Abend verabschiedete und die Heimreise antrat, besichtigten der Kaiser und König Carol eingehend den Badeort und die Kureinrichtungen und setzten erst tags darauf ihre gemeinsame Reise nach Bukarest fort.

Länger als ihr Gemahl verweilte Kaiserin Elisabeth im Frühjahr 1887 in Herkulesbad, das man ihr zur Erholung empfohlen hatte. Ob sie auch die Thermalbäder gebraucht hat, ist nicht überliefert, aber eher wahrscheinlich, meldeten sich doch bei der damals gerade Fünfzigjährigen bereits die ersten Altersbeschwerden. Mit ihrer ungarischen Hofdame Sárolta von Majláth machte sie ausgedehnte, ja strapaziöse Spaziergänge durch die malerische Umgebung. »Bis an die rumänische Grenze wanderten die beiden Damen, nahmen ihr Mahl mitten im Wald ein und tranken dazu Schafmilch, die ein bildschöner rumänischer Junge der Kaiserin brachte«, berichtet der Biograph der Kaiserin, Egon Caesar Conte Corti. Elisabeth gab sich ganz dem Zauber der Landschaft hin und »träumte und dichtete bei Mondschein bis spät in die Nacht hinein«. In solcher Stimmung entstand, neben vielen anderen, auch folgendes Gedicht:

Alles ist wandelbar in dieser Welt,
Und ein leerer Schall nur ist die Treue.
Ewig treu, herrlich erhaben
Bist nur du allein, gewaltige Natur!
Glücklich,
 wer zu dir hält und vor dir sich beugt,
Ihm wird der Schmerz der Enttäuschung
 nicht zuteil.
Für deine Treue und deinen Balsam
Geb' ich im Tausche gern alles hin.

Zu ihrer Freude erhielt die Kaiserin während ihres Aufenthaltes in Herkulesbad den Besuch ihrer »Dichterfreundin« Carmen Sylva (Pseudonym der Königin Elisabeth von Rumänien), mit der sie eine lange, innige Freundschaft verband. Während ihrer Spaziergänge schütteten die beiden Frauen gegenseitig ihr Herz aus. »Wir sprachen und sprachen stundenlang, der Faden riß nicht ab, denn jeden Augenblick entdeckten wir neue Sympathien«, erzählte später Carmen Sylva in einem in der Wiener »Neuen Freien Presse« erschienenen Feuilleton über diese Begegnung.

Kaiserin Elisabeth fühlte sich in Herkulesbad sehr wohl, wie überhaupt sie gerne in Ungarn weilte. Hier fühlte sie sich nicht so sehr beengt durch das starre Hofzeremoniell wie in Wien, und die Bevölkerung lernte sie als eine sehr natürliche, bescheidene Frau kennen. Besonders erfreut zeigte sie sich, wenn ihr unterwegs Kinder mit ausgestreckten Händchen entgegenkamen und schon von weitem »Guten Tag, Frau Königin« riefen.

»Erinnerung an Herkulesbad« – »Souvenir de Herkulesfürdö« heißt ein Walzer, den der Militärkapellmeister des Kecskémeter k. u. k. Infanterieregiments Nr. 38, Jakob Pazeller, komponiert hat. Dieser Walzer gehörte zum festen Programmpunkt jeder österreichisch-ungarischen Kurkapelle und noch zwischen den beiden großen Kriegen zum Repertoire der Wiener Werkelmänner. Heute wird der Walzer nur mehr selten gespielt, aber er ist eine der letzten schönen und wehmütigen Erinnerungen an das berühmte altösterreichische Nobelbad mit seinem einzigartigen orientalischen Flair.

123

Bad Ilidže

Eine Reise von Wien in das bosnische Heilbad Ilidže bei Sarajevo war nicht eben beschwerlich, aber ungemein langwierig. Als der für die Verwaltung von Bosnien und der Herzegowina zuständige k. u. k. Reichsfinanzminister Benjamin von Kállay 1891 zur Eröffnung der schmalspurigen Eisenbahn von Metkowich nach Sarajevo in die bosnische Landeshauptstadt reiste, benötigte er für die Fahrt nahezu drei Tage. Bis Triest wurde die Südbahn benützt, von dort der Eildampfer nach Metkowich an der Narentamündung und schließlich die neue Bahn durch das wildromantische, zerklüftete Gebirgsland bis Sarajevo.

Österreich-Ungarn hatte 1878 auf Grund der Beschlüsse des Berliner Kongresses zur Regelung der orientalischen Probleme das Mandat über Bosnien und die Herzegowina erhalten, über ein Gebiet, das mehr als 400 Jahre unter türkischer Herrschaft gestanden war. Das alte »Ilica« (vom türkischen »ili« abgeleitet, was mit »lau« zu übersetzen ist) war ein kleines, wenngleich von den Muselmanen sehr geschätztes Schwefelbad. Es war sehr primitiv und bestand nur aus zwei von Kuppeln überwölbten Bassins, zwischen denen die Thermalquelle hervorsprudelte. Jede der beiden Kuppeln trug einen blitzenden Halbmond, daher wurde »Ilica« von den Türken auch das »Bad unter dem Halbmond« genannt. Für die Unterkunft der Badegäste war ein landesüblicher »Han«, eine Art Karawanserei, vorhanden. Das Bad und der Han waren Eigentum des ottomanischen Ärars. Ursprünglich war die Benützung des Bades unentgeltlich. Erst als wenige Jahre vor der Okkupation die sogenannten »Islah-Hane« geschaffen wurden – das waren Jugendausbildungsstätten für verschiedene Gewerbezweige –, hob man eine geringe Badetaxe von einem Piaster pro Bad ein und wendete das Reinerträgnis dem Islah-Han von Sarajevo zu.

Nach der Besetzung Bosniens durch die österreichisch-ungarischen Truppen wurde Ilidže über ausdrücklichen Wunsch des Ministers von Kállay von Grund auf modernisiert und vergrößert. Die neuen Badeanlagen sollten nicht nur der Behandlung der im Okkupationsgebiet stationierten Offiziere und Beamten und der einheimischen Bevölkerung dienen, sondern womöglich auch Gäste aus dem ganzen Gebiet der Monarchie und aus dem Ausland anziehen. Die Voraussetzungen, aus dem bescheidenen türkischen Bad einen Nobelkurort mitteleuropäischen Zuschnitts zu machen, waren durchaus gegeben. Der Wiener Arzt Hofrat Dr. Ernest Ludwig nahm die genaue Analyse des Thermalwassers vor und wies einen hohen Gehalt an Schwefelwasserstoff, Kohlensäure und Kalzium nach. Ein Vergleich mit dem Badener Schwefelwasser fiel nicht ungünstig aus: Das Wasser von Ilidže besaß zwar weniger Schwefelwasserstoff, dafür aber siebenmal soviel Kohlensäure und war außerdem mit 58 Grad Celsius fast doppelt so heiß wie die Badener Thermen. Ilidže war also laut Dr. Ludwig das ideale Heilbad bei rheumatischen Beschwerden und Frauenkrankheiten. Dazu kam die prachtvolle Lage des Ortes inmitten eines Naturparkes am Ufer der Željeznica, nicht weit von der Bosnaquelle entfernt, am Fuße des 1248 Meter hohen, dicht bewaldeten Igman. Im Auftrag der Landesverwaltung (Ilidže war auch unter Österreich-Ungarn ein »ärarisches« Bad geblieben) wurden drei repräsentative Hotels errichtet, das »Austria«, das »Hungaria« und das »Bosna«. Eine Gruppe herbeigeholter

Der Pferderennplatz in Bad Ilidže. 1904.

Sachverständiger erschloß neue, außergewöhnlich ergiebige Quellen, die das Wasser für das »Alt-Bad« und das modernst eingerichtete »Neu-Bad« lieferten. Das »Neu-Bad« besaß eine Männer- und eine Frauenabteilung und eine separate Abteilung für mohammedanische Frauen, um auch den speziellen Wünschen der bosnischen und türkischen Gäste entgegenzukommen. 1893 wurde das »Moorbad« in Betrieb genommen, welches »mit einer, von kaum einer zweiten Kuranstalt übertroffenen Eleganz« eingerichtet war. Den Moorbedarf deckte man aus dem Pflanzenmoorlager bei Žepče an der Bosnabahn.

Bei den Bohrarbeiten für eine neue Ausbruchsstelle fanden die Arbeiter eine kleine römische Kupfermünze aus der Zeit des Kaisers Antonius Pius (138–161 n. Chr.). Dieser Fund sprach dafür, daß die Römer die Therme von Ilidže nicht nur gekannt, sondern auch benützt haben, denn bekanntlich pflegten die römischen Soldaten nach einer erfolgreich beendeten Badekur Münzen als Opfer in die Heilquellen zu werfen. Auch beim Bau des Hotels »Bosna« stieß man auf Reste aus der römischen Zeit, vor allem auf wunderschön erhaltene Mosaikfußböden und zahlreiche Zier- und Gebrauchsgegenstände.

Zu Beginn der neunziger Jahre konnte sich Bad Ilidže bereits an die Seite aller besseren europäischen Badeorte stellen. Im Kurpark spazierten die Gäste auf kiesbestreuten Promenaden, vorbei an Springbrunnen, Rosenbeeten, Rehgärten, Volièren mit Raubvögeln und Bärenzwingern. In der

125

»Mattoni-Hütte« wurde das berühmte nordböhmische Gießhübler Mineralwasser zur Erfrischung angeboten, und bei der Bosnaquelle, zu der eine schattige Platanenallee führte, servierte man zwischen den rauschenden Wassern auf einer kleinen Insel in einem Kiosk herrlichen türkischen Kaffee in Kupferkännchen. An Sonntagen während der Sommermonate fanden regelmäßig Pferderennen statt, die als besondere gesellschaftliche und sportliche Ereignisse galten. Aber selbst ein so nobler Sport wie das Rennreiten genügte dem Minister von Kállay nicht, um dem Kurort, den er gewissermaßen als seine ureigenste Schöpfung betrachtete, internationales Gepräge zu geben. (In Wien erzählte man sich lächelnd, der Ehrgeiz des Ministers, das Okkupationsgebiet zu einem Musterland

zu machen, sei so groß, »daß er, wenn Bosnien und die Herzegowina nicht schon existierten, diese eigens von seinen Hofräten entdecken ließe, um sie okkupieren zu können«.)

Eine seiner Lieblingsideen, die allerdings auf heftigste Kritik seitens der Tierfreunde und Tierschützer stieß, war die Einführung des Taubenschießens in Bad Ilidže. Dieser extravagante Sport wurde bis dahin nur in Kurorten wie Spa, Cannes und Monte Carlo betrieben. Im Herbst 1895 hielt er nun auch in Bad Ilidže seinen Einzug. Ein Komitee, dem die Grafen Festetics, Hardegg, Wilczek, Lord Dudley und Lord Westbury angehörten, übernahm die Organisation und setzte die Preise aus. Der »Grande Prix von Ilidže« war mit 25.000 Francs dotiert und überstieg den »Grande Prix de Monte Carlo«, den höchsten bisher bestehenden, um 5000 Francs. Schon im Sommer erschienen in fast allen Wiener und Budapester Zeitungen die Ankündigungen der Konkurrenz. Die echten Weidmänner waren empört: »Das Taubenschießen stellt weder an den Mut noch an den Körper des Schützen eine Anforderung, er sitzt im Fauteuil hinter einem Champagnerglas, tritt mit seiner Doppelflinte vor, wenn er an der Reihe ist, und schießt. Zu diesem Sport gehört nichts anderes als eine gewisse Fertigkeit, wie sie ja auch der Ringwerfer, der Messerwerfer und dgl. Leute sich durch viele Übung aneignen.« Der Wiener Tierschutz meldete sich gleichfalls zu Wort und schrieb, »daß der Brauch, auf Vögel oder andere Tiere in dem Augenblick zu schießen, wo dieselben einer Falle, in welcher sie bis dahin gefangen waren, entschlüpfen, in keiner Weise zu rechtfertigen sei«. Trotz der Proteste wurde das Taubenschießen in Anwesenheit des Ministers von Kállay und seiner Gattin in der Zeit vom 8. bis 23. September 1895 abgehalten. Besonders empört war die Öffentlichkeit darüber, daß es Frau von Kállay selbst war, die Hunderte Tauben einfangen ließ, um die Konkurrenz nur ja sicherzustellen. Das »Neue Wiener Journal« schrieb am 19. September spöttisch: »Man entwickelt sich. In Bosnien hat man es nun schon an noblen Passionen glücklich so weit gebracht wie in Monte Carlo. Der Sport ist die Blüte einer verfeinerten Cultur, und in Ilidže fangen sie gleich mit dem überspitztesten aller Sports, gleich mit dem Taubenschießen an. Wenn das nicht Cultur nach dem Osten tragen heißt, dann verstehen wir eben nicht, was Cultur ist.« Selbst Kaiser Franz Joseph äußerte sich, als er von dem Skandal hörte, mißbilligend: »Die armen Tierchen! Ich begreife gar nicht, wie die Menschen an so etwas Freude finden können.« Die Proteste waren so unüberhörbar, daß die Veranstalter darauf verzichteten, noch ein zweites Mal eine solche Konkurrenz auszuschreiben.

Mehr noch als das arg verpönte Taubenschießen brachte das tragische Ereignis von Sarajevo im Frühsommer 1914 Bad Ilidže in aller Munde. Die letzten drei Nächte vor seinem gewaltsamen Tod am Vormittag des 28. Juni 1914 verbrachte das Thronfolgerpaar, Erzherzog Franz Ferdinand und die Herzogin von Hohenberg, in diesem Badeort, im Hotel »Bosna«. Der Thronfolger war sich darüber im klaren, daß seine Reise zu den Manövern in Bosnien nicht gefahrlos sein würde. Warnende Stimmen hatten ihm, dem bei den serbischen Nationalisten so verhaßten habsburgischen Thronerben, dringend davon abgeraten; hatte doch schon zu Beginn des Jahres das im fernen Chikago erscheinende

serbische Emigrantenblatt »Srboban« geschrieben: »Wir werden nicht eher ruhen und rasten, bis auch die letzte Erzherzogin Trauerkleider tragen wird!« Allen Bedenken zum Trotz trat Franz Ferdinand am 23. Juni die Reise an und traf am 25. Juni mit seiner Gattin in Bad Ilidže zusammen. »Es war ein strahlend schöner Tag und die Landschaft und der Zauber des Orients entzückten die Besucher«, erinnerte sich der Vorstand der Militärkanzlei des Thronfolgers, Oberst Dr. Bardolff. Zum Generalstabschef Conrad von Hötzendorf bemerkte der Erzherzog erfreut: »Meine Frau ist auch ganz entzückt ... überhaupt, wie dieses Ilidže gehalten ist – kein westeuropäischer Kurort könnte gepflegter sein. Die Leute haben sich wirklich Mühe gegeben – auch was die Ausstattung der Appar-

Besuch Kaiser Franz Josephs in Bad Ilidže 1910. Kolotanz der Landbevölkerung.

127

*Vor der Katastrophe von Sarajevo:
Ankunft des Thronfolgers
Erzherzog Franz Ferdinand in
Bad Ilidže am 25. Juni 1914.*

fand er als Provokation und verlangte deren sofortige Entfernung.

Der Aufenthalt in Bosnien verlief anfänglich zur allgemeinen Zufriedenheit. Der Thronfolger nahm an den am 26. und 27. Juni abgehaltenen Manövern teil, die Herzogin stattete unterdessen Schulen, Waisenhäusern und Kirchen in Sarajevo Besuche ab und wurde überall mit großer Herzlichkeit begrüßt. In einem Telegramm an den Kaiser meldete Franz Ferdinand, »welch vorzüglichen Geist und hohen Grad an Ausbildung und Leistungsfähigkeit« die Truppe während der anstrengenden Manövertage gezeigt habe. Am 27. Juni abends fand im Hotel »Bosna« das Abschiedsbankett statt, zu dem Franz Ferdinand und Sophie die Spitzen der zivilen Behörden und die hohe Geistlichkeit eingeladen hatten. »Der Erzherzog-Thronfolger hielt nach dem Speisen in aufgeräumter und liebenswürdiger Laune Cercle«, berichtete der Präsident des bosnisch-herzegowinischen Landtages Dr. Josip Sunarić. Die Herzogin zog mehrere Damen in ein lebhaftes Gespräch und betonte immer wieder: »Dieses Ilidže ist eine Perle, es ist so schön, daß ich noch gerne länger bleiben möchte.« Dann winkte sie Dr. Sunarić heran und sagte mit strahlender Miene: »Lieber Herr Doktor, Sie haben sich doch geirrt, es ist nicht so, wie Sie immer sagen. Wir sind überall im Lande, auch ausnahmslos von der serbischen Bevölkerung, so freundlich begrüßt worden, mit einer solchen Herzlichkeit und ungeheuchelten Wärme, daß wir ganz glücklich darüber sind.« Der Politiker verneigte sich tief und erwiderte: »Hoheit, ich bitte zu Gott, daß – wenn ich morgen die Ehre habe, Sie zu sehen – Sie mir die selben Worte wiederholen können. Mir wird dann ein Stein vom

tements im Hotel Bosna anbelangt – wirklich erlesen geschmackvoll.« Der Landeschef von Bosnien und der Herzegowina, Feldzeugmeister Oskar Potiorek, hatte dafür gesorgt, daß das Hotel vom Publikum völlig geräumt und für die Aufnahme der hohen Gäste mit viel Geschmack eingerichtet wurde. Die Hotelsuite bestand aus einem Salon, einem Schlafzimmer mit anschließendem Bad und mehreren Dienerzimmern. Ein Raum war in eine Hauskapelle umgewandelt worden. Das einzige, was dem Thronfolger bei seiner Ankunft mißfiel, war, daß vor dem Hotel nicht nur rot-weiß-rote und schwarz-gelbe Fahnen wehten, sondern auch serbische. Das emp-

Hotel »Bosna« in Bad Ilidže. Hier verbrachten der Thronfolger Erzherzog Franz Ferdinand und seine Gemahlin die drei letzten Nächte vor ihrer Ermordung.

Herzen gefallen sein, ein großer Stein!« Am nächsten Tag (es war der »Vidovdan«, der nationale Trauertag der Serben, der an die Schlacht auf dem Amselfeld im Jahre 1389 erinnerte, welche die lange Unterjochung der Serben durch die Türken eingeleitet hat) sollten Franz Ferdinand und Sophie Hohenberg feierlich in Sarajevo einziehen und nach einem Empfang beim Bürgermeister die Rückreise nach Wien antreten. Wieder wurden Stimmen laut, der Erzherzog möge das Schicksal nicht mutwillig herausfordern. Man riet ihm dringend, noch in der gleichen Nacht abzureisen. Besonders Obersthofmeister Baron Rumerskirch und Major Höger von

der Militärkanzlei versuchten, den Erzherzog umzustimmen, doch es war vergeblich. Franz Ferdinand wollte den Landeschef Potiorek, der sich um das Gelingen der Bosnienreise so bemüht hatte, nicht durch eine vorzeitige Abreise kränken. Und so nahm denn das Schicksal seinen Lauf...

Am 28. Juni frühmorgens verließ das Thronfolgerpaar das schöne Kurbad Ilidže und bestieg den wartenden Hofsonderzug zur Fahrt ins Verderben. Mit siebzehn Minuten Verspätung – so als wollte die Vorsehung die Tragödie noch hinauszögern – kamen Franz Ferdinand und Sophie in der bosnischen Landeshauptstadt an, die sie lebend nicht mehr verlassen sollten.

Literatur

Aichelburg, Wladimir: Stephanie Yacht Club, in: Yachtrevue, Heft 5, 1981.

Alter, Hermann: Der Kurort Pystjan in Ungarn, Preßburg 1875.

Apponyi, Albert Graf: Erlebnisse und Ergebnisse, Berlin 1933.

Das Badener Buch: Festschrift einer Autorengemeinschaft, Baden 1918.

Bardolff, Carl Frh. von: Soldat im alten Österreich, Jena 1938.

Beer, Leopold: Die Trentschiner Bäder oder die Schwefelquellen zu Teplitz nächst Trentschin im Königreiche Ungarn, Preßburg 1839.

Biehn, Heinz, und *Herzogenberg*, Johanna Baronin: Große Welt reist ins Bad, München 1960.

Bielau, Franz von: Authentische Biographie von Schlesiens berühmtem Naturarzt und Erfinder der Wasserheilanstalt Vincenz Prießnitz, Freiwaldau o. J.

Birkmayer, Walter, und *Heindl*, Gottfried: Der liebe Gott ist Internist oder Der Arzt in der Anekdote, Wien 1978.

Brehm, Bruno: Apis und Este – Ein Franz-Ferdinand-Roman, München 1931.

Broneder, Herta: Gasteiner Erinnerungen, Badgastein 1966.

Bruselle, Alfred Graf: Bad Gleichenberg, seine Heilquellen und Kuren, Wien 1950.

Canz, Sigrid: Die böhmischen Bäder – Bilder aus dem Biedermeier, Dortmund 1982.

Carl, Aloys: Die Schwefelquellen zu Töplitz nächst Trentschin im Königreiche Ungarn, Preßburg 1826.

Castelli, Ignaz Franz: Memoiren meines Lebens, München 1861.

Chézy, Helmina von: Norika, München 1833.

Clary-Aldringen, Alfons: Geschichten eines alten Österreichers, Frankfurt am Main 1977.

Corti, Egon Caesar Conte, und *Sokol*, Hans: Kaiser Franz Joseph, Graz 1960.

Corti, Egon Caesar Conte: Elisabeth – Die seltsame Frau, Salzburg 1934.

Cservénka, F.: Fremdenführer durch Teplitz-Schönau und Umgebung, Teplitz 1862.

Danzer, Adalbert E.: Führer in Marienbad und in dessen Umgebungen oder Topographie von diesem Curorte, Prag 1847.

Dietrich, E. von: Der Wanderer zu den berühmtesten Kurorten Böhmens, Prag 1842.

Dinter, G.: Die Heilquellen von Teplitz-Schönau, Dresden 1861.

Ebner-Eschenbach, Marie von: Aus Franzensbad – Sechs Episteln, Leipzig o. J.

Ensbrunner, Georg: Geschichtliches über Bad Gleichenberg und dessen Umgebungen, Graz o. J.

Festschrift aus Anlaß der Enthüllung des Dr. Bernhard Adler-Denkmals in Franzensbad am 20. September 1902, Franzensbad 1902.

Fischer-Colbrie, Arthur: Sie meinen Bad Ischl, Graz 1966.

Flesch-Brunningen, Hans: Die letzten Habsburger in Augenzeugenberichten, Düsseldorf 1967.

Florescu, Alexandru Puiu: Herkulesbad, Bukarest 1962.

Fodor, Coloman von: Das Schlammbad Pistyan, Wien 1893.

Frölich, Ernst Hilarius: Die Sauerbrunnen bei Rohitsch, Wien 1857.

Führer durch Badgastein, Hofgastein und Dorfgastein, Badgastein o. J.

Fuksas, Anatol P.: Heilbad Gleichenberg, Bad Gleichenberg 1959.

Goethe-Festschrift der Kurstadt Franzensbad aus Anlaß der Feier des 100. Todestages J. W. Goethes, Franzensbad 1932.

Gurlt, E., und *Wernich*, A.: Biographisches Lexikon der hervorragenden Ärzte aller Zeiten und Völker, Berlin 1932.

Habermann, Georg: Franzensbad und seine Umgebungen, Wien 1865.

Hahn, Gernot von, und *Schönfels*, Hans-Kaspar: Wunderbares Wasser, Von den heilsamen Kräften der Brunnen und Bäder, Aarau 1980.

Handbuch für Donaureisen. Jubiläumsausgabe 1835–1935, herausgegeben von der Ersten Donaudampfschifffahrtsgesellschaft, Wien 1935.

Heindl, Gottfried: Und die Größe ist gefährlich oder Wahrhafte Geschichten zur Geschichte eines schwierigen Volkes, Wien 1969.

Hennings, Fred: So lange er lebt, Band 4 u. 5, Wien 1970 u. 1971.

Kaiser Franz Joseph und Bad Ischl, Katalog zur Ausstellung aus Anlaß des 150. Geburtstages Kaiser Franz Josephs, Bad Ischl 1980.

Karafiat, Karl: Teplitzer Frauengestalten aus verschiedenen Jahrhunderten, in: III. Jahres-Bericht des öffentlichen Mädchen-Lyzeums in Teplitz-Schönau 1913/1914, Teplitz-Schönau 1914.

Karell, Viktor: Das Egerland und seine Weltbäder, Frankfurt am Main 1966.

Karell, Viktor: Karlsbad im Wandel der Jahrhunderte, Marburg a. d. Lahn 1958.

Karell, Viktor: Goethe als Karlsbader Kurgast, Karlsbad 1939.

Kellner, J.: Römische Baureste in Ilidže bei Sarajevo, in: Wissenschaftliche Mitteilungen aus Bosnien und der Herzegowina, V. Band, Wien 1897.

Kisch, Heinrich: Die Heilquellen und Curorte Böhmens, Wien 1879.

Klebelsberger, R. (Hrsg.): Hippolytus Guarinonius (1571–1654) zur 300. Wiederkehr seines Todestages, Innsbruck 1954.

Klein, F.: Die Herculesbäder nächst Mehadia, Wien 1858.

Kobl, Alfred: Beiträge zur Chronik des Theaters in Baden, Baden 1928.

Koch, Richard: Der Zauber der Heilquellen – Eine Studie über Goethe als Badegast, Stuttgart 1933.

Kolarz, Adolf: Goethe und Beethoven in Teplitz im Jahre 1812, in: Wiener Almanach, Jahrbuch für Literatur, Kunst und öffentliches Leben, Wien 1913.

Kottowitz, Gustav von: Der Curort Gleichenberg mit seinen Heilquellen im Herzogthume Steiermark, Wien 1847.

Kratzmann, Eduard: Geschichte der Teplitzer Thermen, Teplitz 1862.

Krizek v., und *Sajner*, J.: Gräfenberg als Weltkurort des vorigen Jahrhunderts, in: Acta congressus internationalis XXIV historiae artis medicinae, Budapest 1976.

Krücken-Parlagi, Oskar von: Das geistige Wien, Wien 1918.

Lambauer, Hannes: Erzherzog Johann als Bergsteiger und Naturfreund, in: Katalog der Erzherzog-Johann-Sonderausstellung, Bad Aussee 1982.

Laube, Heinrich: Reise durch das Biedermeier, Wien 1946.

Lenhart, Josef Johann: Carlsbads Memorabilien vom Jahre 1325 bis 1839, Prag 1840.

Lichtenstein, Ladislaus: Balneologisches Handbuch des Bades Pistyan, Leipzig 1926.

Lorenz, Reinhold: Bäderkultur und Kulturgeschichte, Wien 1949.

Lorenz, Willy: Seitensprünge von der Autobahn zwischen Wien und Salzburg, Wien 1976.

Ludwig, Ernest: Ilidže bei Sarajevo in Bosnien, Wien 1895.

Ludwig, E., und *Panzer,* Th., und *Zdarek,* E.: Über die Styriaquelle in Rohitsch Sauerbrunn, in: Wiener klinische Wochenschrift, XX. Jahrgang, Nr. 13/1907.

Markolin, Caroline, und *Huemer,* Peter: Ischl unter Kaiser Franz Joseph I., Bad Ischl 1980.

Mitterbacher, Franz: Bilder aus Gleichenberg, Graz 1856.

Münz, Sigmund: Eduard VII. in Marienbad, Wien 1934.

Neidenbach, Sieglinde: Die Reisen Kaiser Josephs II. ins Banat, Diss., Wien 1967.

Nostiz-Rieneck, Georg (Hrsg.): Briefe Kaiser Franz Josephs an Kaiserin Elisabeth 1859–1898, Wien 1966.

Obry, Olga: Grüner Purpur – Erzherzogin Leopoldine, Brasiliens erste Kaiserin, Wien 1958.

Österreichisches Bäderbuch (Offizielles Handbuch der Bäder, Kurorte und Heilanstalten Österreichs), Wien 1914.

Palmer, Alan: Metternich, der Staatsmann Europas, Düsseldorf 1977.

Pawlikow, Johann: Wirkungsweise der Therme von Ilidže bei innerem Gebrauche, Sarajevo 1898.

Plechl, Pia Maria: Baden, Wien 1974.

Popoviciw, A.: Das Herkulesbad bei Mehadia in Siebenbürgen, Wien 1885.

Prášil, W. W.: Kurzer Abriß des Curortes Gleichenberg, Wien 1866.

Prawy, Marcel: Johann Strauß – Weltgeschichte im Walzertakt, Wien 1975.

Puff, Rudolf: Wegweiser für den Badeort Gleichenberg und seine Umgebungen, Graz 1845.

Puff, Rudolf: Erinnerung an Sauerbrunn nächst Rohitsch und seine Umgebungen, Graz 1853.

Rauch, Wilhelm: Aus der Geschichte Bad Gleichenbergs, in: Gleichenberger Nachrichten, 13. Folge, Mai 1979.

Reise-Album für die Linien der k. k. Österreichischen Staatsbahnen, 5. Jahrgang, 1909/10.

Režek, Adolf: Iz prošlosti vrela mineralnih voda Rogaške Slatine, Rogaška Slatina 1937.

Röhrich, Heinz: Vincenz Prießnitz's Kaltwasserkuranstalt in Gräfenberg (1831–1851), in: Mährisch-schlesische Heimat, Vierteljahreszeitschrift für Kultur und Wirtschaft, Frankfurt am Main 1969.

Sartori, Franz: Taschenbuch für Carlsbader Curgäste wie auch für Liebhaber von dessen Naturschönheiten, Wien–Prag–Carlsbad 1817.

Scherer, Franz Ernst: Die heißen Quellen und Bäder zu Pöstény in Ungarn, Leipzig 1837.

Schmidl, Adolf: Handbuch für Reisende im Kaiserthum Oesterreich, Wien 1844.

Scholz, Hugo: Heilendes Wasser – Ein Roman um Vincenz Prießnitz, München o. J.

Schönherr, Max: Bademusik, in: Ausstellungskatalog »Große Welt reist ins Bad«, Schloß Grafenegg bei Krems 1980.

Schönthan, Gaby von, und *Grumbach Palme,* Joseph M.: Die Konditorei Zauner – Bad Ischl und das Salzkammergut – Eine kleine Kulturgeschichte, München 1982.

Schwarzott, J. G.: Die Herkulesbäder bei Mehadia, Wien 1831.

Sebestyěn, Tibor, und *Vajkai,* Aurél: Der Balaton, Reiseführer, Budapest 1980.

Siegert, Heinz, und *Peer,* Fred: Das blieb vom alten Österreich, Wien 1978.

Sigmund, Carl Ludwig: Füred's Mineralquellen und der Plattensee, Pest 1837.

Silagi, Denis: Der größte Ungar – Graf Stephan Széchenyi, Wien 1967.

Simkowsky, H.: Bad Ischl kennen und lieben, Wien 1972.

Slezak, Leo: Rückfall, Stuttgart 1940.

Spitzer, Daniel: Wiener Spaziergänge, Dritte Sammlung, Wien 1881.

Spitzer, Daniel: Wiener Spaziergänge, Sechste Sammlung, Leipzig 1886.

Stadler, Johann Michael: Versuche über die uralten römischen Herkulesbäder auf allerhöchste Verordnung, Wien 1776.

Sylva, Carmen (Elisabeth von Rumänien): Die Kaiserin Elisabeth in Sinaia, in: Neue Freie Presse vom 25. Dezember 1909.

Das Taubenschießen in Ilidže (Bosnien), herausgegeben vom Verband der österreichischen Tierschutzvereine, Wien 1896.

Tausig, Paul: Berühmte Besucher Badens – Ein Beitrag zur Geschichte der Stadt Baden bei Wien, Wien 1912.

Torkos, Justus Johannes: Über die Piešťaner Heilbäder, 1745, ins Deutsche übersetzt von Dipl.-Techn. Juraj Igumnov, Bratislava 1975.

Trapcea, Th.: Baile Herculane, Bukarest 1966.

Trost, Ernst: Das blieb vom Doppeladler – Auf den Spuren der versunkenen Donaumonarchie, Wien 1966.

Urzidil, Johannes: Goethe in Böhmen, Zürich 1962.

Uzsoki, Andreás: Balatonfüred –Tihany, Budapest 1980.

Ventura, Sebastian: Der Curort Trentschin-Teplitz – Ein Führer für den Curgast, Wien 1888.

Waldhauser, Herbert: Zur Kur in Österreich, St. Pölten 1980.

Wallner, Viktor, und *Hubmann,* Franz: Baden bei Wien, Plauderei über eine Stadt, St. Pölten 1980.

Wedel, Graf von: Die Reise ins Bad, Kur- und Badeplakate von gestern und heute, Dortmund 1982.

Die wichtigsten Kurorte und Mineralquellen Ungarns, Budapest 1900.

Wiener, E.: Bad Ischl, Wien und Leipzig 1906.

Žalčík, Ján: Trenčianske Teplice 1580–1980, Bratislava 1980.

Zdravilišče Rogaška Slatina – Der Kurort Rogaška Slatina, Rogaška Slatina 1975.

Zimburg, Heinrich von: Die Geschichte Gasteins und des Gasteiner Tales, Wien 1948.

Zimburg, Heinrich von: Die Kurgäste Badgasteins – Sonderabdruck des Badgasteiner Badeblattes, Badgastein 1962.